W. Christian Schmitt
Volker W. Degener

ZIRKUS

W. Christian Schmitt / Volker W. Degener

ZIRKUS

Geschichte und Geschichten

Lentz

© 1991 Lentz in der F.A. Herbig Verlagsbuchhandlung GmbH, München
Alle Rechte, auch der photomechanischen Vervielfältigung und des auszugs-
weisen Abdrucks, vorbehalten.
Umschlaggestaltung: Wolfgang Heinzel, unter Verwendung einer Zeichnung
von Dorothea Harbauer, Nußdorf
Satz: Concept GmbH, Höchberg bei Würzburg
Gesetzt aus Century Old Style
Herstellung: Andrea Cobré
Lektorat und Bildzusammenstellung: Gabriele Berding
Druck und Bindung: Imprenta Hispano Americana S.A., Barcelona, 1991
Printed in Spain
ISBN 3-88010-228-7

Für Kirstin Lara Linda

W.C.S.

Für meine Tochter Julia Johanna

V.W.D.

Inhalt

Vorwort

Dieses Zirkusbuch besteht in Wirklichkeit aus zwei Büchern: Volker W. Degener erzählt zum einen Geschichten mit dem Clown Niko, Geschichten aus dem Reich der Dompteure, der Zauberer, der Trapez- und Entfesselungskünstler. Und im Sachbuch-Teil für junge Leser informiert W. Christian Schmitt über »tatsächliche« Ereignisse, über Schicksale, atemberaubende Leistungen: über Zirkusgeschichte.

Rastelli, Roncalli, Sarrasani, Grock oder Bellachini – das sind Namen von Akteuren und Zirkus-Unternehmen, die eine ganze Zunft geprägt haben, in der die Grenzen zwischen Täuschung und Wirklichkeit fließend scheinen.

In diese Welt des Zirkus, die sich über Jahrhunderte hinweg ihre seltsam anmutende Faszination bewahrt hat, führt, lockt dieses Entdeckungsbuch, das helfen soll, zu begreifen, was Zirkus ist: Ein Ort unserer Gestalt gewordenen Träume und Phantasien.

Sicher ist dieses Buch auch eine Liebeserklärung an das Medium Zirkus und alle, die mit dazugehören. Von großen Zirkus-Familien, von legendären Zirkus-Persönlichkeiten ist ebenso die Rede wie vom Zirkus-Alltag und vom Zirkus-Sterben landauf, landab.

Berühmte, traditionsreiche Unternehmen wie etwa Krone, Sarrasani, Busch-Roland, Barum, Althoff werden ebenso porträtiert wie die zahlreichen Mini-Zirkusse, die nicht selten auch so etwas wie »Basisarbeit« leisten. Die unvergessenen Größen, die Clowns, Dompteure, Trapezkünstler, Jongleure, die Zauberer, Magier und Hochseilartisten passieren Revue.

Ein Zirkusbuch für Sachbuch- wie für Geschichten-Fans, eines für junge Leser und solche, die sich für Zirkus nie zu alt fühlen. Allerdings keines, das den Anspruch auf Vollständigkeit erhebt.

Ein Dankeschön allen Zirkusmenschen, die mit Rat und Tat und Informationen zum Entstehen des Buches beigetragen haben. Und ein ganz besonderes Dankeschön an Karl-Heinz Schaper, den langjährigen Leiter der »Spiegel«-Dokumentation, der den Zugriff zu den »Archivschätzen« des Hamburger Nachrichtenmagazins ermöglicht hat.

Darmstadt, im Sommer 1991   W. Christian Schmitt

★

Einblick in die Welt des Zirkus

Der Zirkus stirbt, seitdem er lebt

> »Es wird solange einen Zirkus geben,
> wie es Kinder gibt auf dieser Welt!«
> *(Heinz Geier vom Zirkus Busch-Roland)*

Zirkus ist nicht nur die Traumwelt, als die sie vielen Besuchern und Beobachtern erscheint. Zirkus ist überdies auch eine »Unternehmenssparte« innerhalb unseres Wirtschaftssystems, in der Angebot und Nachfrage das Geschehen bestimmen. Das mag gerade im Bereich des Zirkus desillusionierend klingen. Aber dort, wo Hunderte in einer Zeltstadt Arbeit, Brot und Unterkunft finden, können Idealismus und auch ein ruhmreicher Familienname allein noch keine Erfolgsgarantie sein. Denn neben dem allabendlichen Erfolg, dem Applaus der Gäste, braucht auch ein Zirkus den finanziellen Gewinn, um überleben zu können.

Seit es Zirkusunternehmen gibt, gibt es auch den immerwährenden Kampf um die Gunst der Zuschauer. Dies Tag für Tag, Vorstellung für Vorstellung. Doch immer wieder bleiben Zirkusunternehmen bei diesem Wettstreit, bei dem auch das fehlende Quentchen Glück oft den Ausschlag gibt, auf der Strecke.

Ein paar Zahlen, Schlagzeilen, Schicksale? Wie viele Zirkus-Unternehmen gab es noch vor 20, 30, 50 oder gar 100 Jahren einzig hierzulande? Man ist auf Schätzungen angewiesen. Tatsache ist: Nicht nur im deutschsprachigen Raum hat ein gewaltiges Zirkus-Sterben die Reihen gelichtet.

»Auf dem Cannstatter Wasen«, hieß es Ende Oktober 1968 in einem Zeitungsbericht, »führt Franz Althoff am Sonntag zum letzten Male seine große Hengstparade in der eigenen Manege vor; dann legt er die Peitsche aus der Hand, das Riesenzelt wird abgebrochen und nicht wieder errichtet. Der Zirkus Franz Althoff hört auf zu bestehen, und hinter ein großes Kapitel deutscher Zirkusgeschichte ist der Schlußpunkt gesetzt. Franz Althoff hat resigniert.« So wie Franz Althoff ist es etlichen Zirkussen ergangen. Längst vorbei die Glanzzeiten Mitte der 20er Jahre dieses Jahrhunderts, als allein das Großunternehmen Sarrasani rund 500 Artisten aus 37 Nationen und weit über 400 Tiere aufzubieten hatte.

Rund 80 große, mittlere und kleine Zirkus-Betriebe zählte man 1948 noch in ganz Deutschland; in Europa insgesamt waren es zur Zeit der Währungsreform noch etwa 200 reisende Unternehmen. In den folgenden Jahren nahm der Zusammenbruch auch zahlreicher traditionsreicher Zirkusse dramatische Formen an.

So ist zum Beispiel einer Presseagentur-Meldung vom 25. Januar 1955 zu entnehmen: »In den letzten acht Jahren schlossen in Westdeutschland 30 von 44 organisatorisch erfaßten Zirkusunternehmen ihre Pforten.« In ganz Europa verringerte sich die Zahl der noch intakten Zirkus-Betriebe auf schätzungsweise 50. Der Deutsche Bundestag, der sich Anfang der 80er Jahre erneut mit der »wirtschaftlichen Lage der deutschen Zirkusunternehmen« auseinanderzusetzen hatte, ging noch von »derzeit rund zwanzig Zirkusunternehmen« aus, wobei zugrunde gelegt wurde, daß es sich »bei knapp der Hälfte um die bekannten größeren Betriebe« handele.

Mitte der 50er Jahre kam für den Zirkus »Apollo«, mit 140 Artisten eine der größten und erfolgreichsten deutschen Unternehmungen, während einer Mittelmeertournee das Aus. Nur kurze Zeit zuvor war das damals drittgrößte deutsche Zirkusunternehmen Holzmüller während einer Spanien-Tournee gescheitert. Der »Rheinische Merkur« merkte Anfang 1954 zu diesem Ereignis an: »Der Zirkus Holzmüller war 1952 abgereist mit 14 kompletten Tiernummern, einer reisenden Menagerie von 42 Pferden, sieben Eisbären, sechs Elefanten, fünf Löwen, vier Braunbären, soundsoviel Zebras, Ponies, Eseln, mit 80 Fahrzeugen und 35 Mann gut ausgebildetem deutschen Personal. Er ist heimgekommen mit fünf Wagen, drei Elefanten, zwei Ponies und einem Esel. Alles andere blieb auf der Strecke. Der verbliebene Tier-

★

Zirkus Hagenbeck

bestand hat in einer einzigen Box des Saarbrücker Schlachthofes Asyl gefunden ...«

Das Sterben des weltbekannten Unternehmens Zirkus Hagenbeck vollzog sich in Etappen. Die 1887 von Carl Hagenbeck gegründete Institution war schon jeweils 1907, 1916 und 1954 gezwungen, den Betrieb »zwischenzeitlich stillzulegen«, um dann mit neuem Schwung und neuem Programm das Publikum erneut zu begeistern. Doch war auch das nur der kleine Anfang vom großen Ende. Zu dem kam es schließlich – der Zirkus firmierte mittlerweile unter dem Namen Willy Hagenbeck – im Februar 1982. Eine Gastspielreise durch 127 Städte war für das laufende Jahr bereits unter Dach und Fach, da beendete eine Krankheit der Zirkusdirektorin über Nacht das Kapitel Hagenbeck, besiegelte das Schicksal

Viele Zirkusse sterben. Doch immer wieder heißt es:

von 150 Menschen und vielen Tieren (der Jahresumsatz, den ein Zirkusunternehmen dieser Größenordnung zu verzeichnen hatte, lag bei schätzungsweise acht Millionen DM). Aber diese Pleiten sind nur die berühmte Spitze vom Eisberg.

Der Hamburger Zirkus Collien, einst Forum für Clowns wie Grock und Rivel, blieb ebenso auf der Strecke wie beispielsweise Unternehmen mit Namen »Soraja«, »Bügler« oder »Belli«. Zu den berühmtesten gehörte einst der Zirkus Belli, der 1949 noch 360 (!) Personen zu seinem ständigen Personal zählte und über einen Fuhrpark von weit über 100 Wagen verfügte. Aber auch Unternehmen wie der Zirkus Brumbach, berühmt geworden als Spielstätte für die TV-Serie »Salto mortale«, blieben von dem wirtschaftlichen Zusammenbruch nicht verschont.

Der Zirkus stirbt, seitdem er lebt, aber er findet trotzdem immer wieder die Kraft zu neuem Aufschwung.

Zirkus –
Ereignis durch die Jahrhunderte

Für die Alten Römer war der Zirkus »Kampfspielplatz in Form eines langgestreckten Ovals«. Dort veranstaltete man zirzensische Spiele, Wagen- und Pferderennen sowie jene berühmt-berüchtigten Gladiatorenkämpfe. »Freizeit«-Ereignisse, bei denen es für die Zuschauer zwar um Unterhaltung, für die unmittelbar Beteiligten jedoch zumeist um Leben oder Tod ging. Nahezu jede größere römische Provinzstadt besaß damals eine dieser Zirkus genannten Arenen. Der Überlieferung nach soll der größte, der Zirkus Maximus, etwa 600 Meter lang und 90 Meter breit gewesen sein und Zuschauertribünen für 150 000 (!) Personen geboten haben. Fast ebenso groß waren der Zirkus Flaminius und Zirkus Neronis.

Mit dem Zirkus und seinen Mitwirkenden unserer Tage freilich hatten diese römischen Mammut-Veranstaltungen kaum etwas gemein – sieht man vom Wortursprung einmal ab. Im Duden-Herkunftswörterbuch heißt es dazu: »Zirkus: Das Substantiv ist seit dem 18. Jahrhundert belegt. Es ist unter französischem und englischem Einfluß aus dem lateinischen ›circus‹ gleich ›Zirkus, Rennbahn, Kreis Ring‹ entlehnt, das vielleicht auf das griechische ›kirkos‹ gleich ›Ring‹ zurückgeht ...«

Die Ursprünge dessen, was man heute unter Zirkus versteht, sind ungeklärt. Auch die Ägypter kannten die eine oder andere Darbietung, die man unter Zirkus einordnen könnte, und im Mittelalter gab es unter den Gauklern und Fahrensleuten etliche, die mit ihren Kunststücken und Zaubertricks Mitmenschen zu verblüffen und unterhalten wußten. Einig sind sich aber offenbar die meisten Zirkus-Experten, wer das, was man heute unter »Zirkus« versteht, ins Leben gerufen hat: Der englische Offizier Philip Astley. Er gründete 1768 in der Nähe von London eine Reitschule und schuf damit einen Veranstaltungsort, an dem Neugierige bald schon – neben der Kunstreiterei – auch Akrobaten, Clowns, Seiltänzer erleben konnten. Damit war unser heutiger, abendländischer Zirkus geboren – denn daß es fernab von Europa, in Fernost, in China und Japan schon vor dieser Zeit ebenfalls Zirkusse gegeben hat, ist anzunehmen.

Astley's Amphitheater in London, Fassade, 1803

Astley's Amphitheater, Innenansicht, 1803

Ein beeindruckender Zirkus: Jede Menge Tiere, jede Menge Attraktionen

Astleys »Riding School« lockte Zuschauer von überall her an. Zunächst spielte man unter freiem Himmel, dann bald schon in festen Gebäuden. Der »Royal Zirkus« entstand, eine Mischung aus Theater- und Manegen-Programm. Ein Ort, an dem die Zuschauer für Stunden abgelenkt wurden von ihren Alltagsproblemen. Ein Ort, an dem ihnen Meisterleistungen aus den Grenzbereichen menschlicher Fertig- und Fähigkeiten geboten wurden.

In den Folgejahren eröffnete Astley sogar in Paris eine solche Zirkusstätte, Bauten in anderen europäischen Hauptstädten folgten. Neben festen Zirkusstätten begann sich zunehmend auch der sogenannte Wanderzirkus zu etablieren. Auch die Landbevölkerung trug somit in den Folgejahren zum ersten Höhenflug des Zirkus bei. Feuerschlucker, aber auch Wasserspeier, Taschenspieler, Akrobaten, Seiltänzer und »Kuriositäten« (wie etwa ein als Rechenkünstler auftretender Hund, ein gänzlich behaarter »Löwenmensch«, siamesische Zwillinge, Riesen und Liliputaner) beherrschten zunehmend die Szenerie. Immer ausgefallener, waghalsiger, sensationeller, immer unglaublicher wurden die Leistungen der Akteure. Denn nicht nur der den Menschen wohl angeborene Hang zur Perfektion, sondern vor allem auch der wachsende Konkurrenzkampf verbesserte den Standard der Darbietungen.

Der Deutsche Carl Hagenbeck bereicherte beispielsweise die Zirkusszene ganz entscheidend dadurch, daß er um 1870 Dressurmethoden entwickelte, die weltweit als Vorbild dienten. Er war es auch, der einen runden, aus Einzelteilen gefertigten Käfig für Raubtiernummern zum festen Instrumentarium eines Zirkus werden ließ. Während vor allem im deutschsprachigen Raum zu jener Zeit Direktoren wie Renz, Brilloff, Wollschläger oder Schumann mit ihren Zirkusprogrammen Maßstäbe setzten, kam aus Amerika vom Zirkus Barnum & Bailey eine ganz andere Art von zirzensischer Unterhaltung über den Großen Teich. Ihr damals als »The Greatest Show on Earth« angekündigtes Programm zeigte auch Boxkämpfe, Auftritte von Indianern, Cowboys (und natürlich Buffalo Bill) sowie Lotteriespiele.

Doch der Zirkus im alten Europa stand in seiner Qualität, Vielfalt und Ideenfreudigkeit dem zirzensischen Zauberwerk made in USA kaum nach. Ein Austausch von Artisten und Programmteilen zwischen europäischen und außereuropäischen Zirkusunternehmen war die Folge.

So tauchten beispielsweise in den 30er Jahren des 19. Jahrhunderts im Programm des Pariser »Cirque Olympique« arabische Akrobaten, schließlich ganze Beduinengruppen auf. Dem folgten Artisten aus Fernost. 1865 sah man in Europa die ersten Darbietungen von japanischen Zirkus-Künstlern. Anfang des 20. Jahrhunderts präsentierte Hagenbeck ein ganzes Indianerdorf in seinem Zirkus und zwei Jahrzehnte später gehörten singhalesische Tempeltänzer wie selbstverständlich zu den Akteuren bei Sarrasani.

Oberstes Gebot blieb: Der Zuschauer muß sich bestens unterhalten fühlen. Dafür sorgten Clowns wie Grock, Charlie Rivel oder Popov, Hochseil- und Trapezartisten – zum Beispiel Die Wallendas oder Die Drei Codonas –, Jongleure wie Sergei Ignatov oder der legendäre Enrico Rastelli und Dompteure wie zum Beispiel Rudolf Matthies oder Wilhelm Philadelphia.

Sie demonstrierten, zu welchen außergewöhnlichen Leistungen Menschen fähig sind. Vielleicht sogar besonders dann, wenn sie ihre Mitmenschen unterhalten, erfreuen und faszinieren wollen.

Dem Zirkus verschrieben mit Leib und Seele

Ingrid Hoppe, einst Chefin des Zirkus Willy Hagenbeck, war eigentlich eine gelernte medizinisch-technische Assistentin; Heinz Geier, der Anfang der 70er Jahre Direktor des Doppel-Unternehmens Busch-Roland wurde, betätigte sich davor lange Jahre als Kriminalkommissar; Barum-Chef Gerd Siemoneit stieg vom einfachen Zeltarbeiter über den umjubelten Raubtierdompteur bis zum Zirkusdirektor auf; Margarethe Kreiser-Barum hängte ihr erfolgversprechendes Kunststudium an den Nagel, um Direktorin im väterlichen Zirkus zu werden; Carl Krone jr. brach seine Apothekerlehre ab, kehrte zurück in die Manege und machte mit Ideen, Tatkraft und Risikofreude aus dem Unternehmen den größten Zirkus Europas. Und auch Carl Sembach, der Mitte der 30er Jahre in die Zirkus-Welt Krone einheiratete, sollte nach dem Willen seines Vaters eigentlich Beamter werden.

Man mag es sich im einzelnen gar nicht erst ausmalen, was geschehen wäre, wenn ... Doch sie sind Zirkusleute geworden, Mitglieder einer ganz besonderen Zunft, in der Beruf und Hobby ineinander übergehen, in der aber auch Begriffe wie Urlaub oder Feierabend Fremdwörter sind.

Zu den bekannten Zirkuspersönlichkeiten gehört auch Will Aureden, der 1948 den Zirkus Roland gründete, oder Paul Busch, seines Zeichens Kommissionsrat, der 1886 in Berlin mit dem gleichnamigen, ein Jahr zuvor in Dänemark gegründeten Zirkus aufwartete. Und auch von Carl Hagenbeck (1844 bis 1913), der als Pionier der modernen Tierdressur zu gelten hat, soll die Rede sein. An den amerikanischen Zirkuskönig John Ringling sei ebenso erinnert, wie an Phineas Taylor Barnum, der »The King of the Humbugs« genannt wurde. Oder an

Carola Williams, die schon mit 24 Jahren ihren ersten Zirkus eröffnete und in späteren Jahren ihr gesamtes Unternehmen an den amerikanischen Mammut-Zirkus Ringling Bros und Barnum & Bailey vermietete. Jene Carola Williams, die im Alter von drei Jahren als »die kleinste Voltigeuse der Welt« ihr Manegen-Debüt hatte und die 74jährig, zusammen mit ihrem Neffen Franz Althoff jr., nochmals ein neues Zirkusunternehmen mit Namen Williams-Althoff startete.

Und natürlich muß man einige aus der großen Familie der Althoffs nennen. Franz Althoff beispielsweise, der bereits als Dreieinhalbjähriger in einer Schneewittchen-Pantomime mitwirkte, mit 16 Jahren Braunbären dressierte und mit 17 im Löwenkäfig stand.

Über jeden und alles sind die Zirkusleute grundsätzlich bereit, Auskunft zu geben. Nur über zwei Dinge nicht: Über ihr Alter und über ihre Gage.

Der amerikanische Zirkus scheint sich mit römischen Wagenrennen an antiken Vorbildern zu orientieren.

Der Zirkus-Alltag
Tiere, Menschen, Kalkulationen

Wenn der Zirkusdirektor in der Manege steht und mit »Hochverräährtes Publikum« seine Begrüßung beginnt, ist von den Menschen in der jeweiligen Zirkusstadt bereits ein gehöriges Stück Arbeit geleistet worden. Nämlich all das, was für den Besucher zu den Selbstverständlichkeiten zählt: Anreise vom vorigen Spielort, Zeltaufbau, Fütterung der Tiere usw. Dennoch ist natürlich das, was folgt, für alle Beteiligten der krönende Abschluß, die Bestätigung dafür, daß sich Schweiß und Mühen – wieder einmal – gelohnt haben.

In dieser Branche arbeitet man zwar nach wie vor mit Netz, aber längst auch mit doppelter Buchführung. Denn auch Zirkusse sind heute Wirtschaftsunternehmen. Doch gottlob nicht nur.

Aber um zeitgemäß arbeiten zu können, bedarf es technischer und vor allem betriebswirtschaftlicher Kenntnisse. Schließlich tragen Zirkusunternehmen auch die Verantwortung für die Arbeitsplätze von Hunderten von Artisten und Helfern.

Ein Blick hinter die ansonsten mit Glamour und Leuchtreklame verstellten Kulissen belegt ohne Wenn und Aber, daß es sich in der einstigen Traum-Fabrik Zirkus immer weniger mit Träumen allein überleben läßt. Der Chef eines Zirkusunternehmens muß nicht nur Menschen, Tiere und Sensationen zu bieten haben, er muß auch Manager sein und kalkulieren können. Denn alles kostet Geld, ob gespielt wird oder nicht. Ein hoher Kostenfaktor ist das Personal: Ein Artist zum Beispiel verdient pro Tag – je nach Qualifikation – bis zu 1000 Mark netto; für eine gute Clownnummer hat ein Direktor bis zu 1600 Mark einzuplanen. Dazu kommen die Löhne für die Verlade- und Zeltarbeiter, das technische Personal, die Stallburschen und die zahlreichen anderen Gehilfen. Oder denken wir an die Tiere: Ein Tiger allein frißt pro Tag etwa zehn Kilogramm Fleisch. Für ein Dutzend Elefanten muß man rund 40 Zentner Stroh oder Heu einplanen; auch Neuanschaffungen sind kein Pappenstiel: So kostet zum Beispiel ein indischer Jungelefant rund 20 000 Mark, ein sibirischer Tiger fast 12 000 Mark. Nicht zu vergessen sind die Spielstätte und all das Drumherum. Ein neues Zeltdach allein kommt auf rund 300 000 Mark, und für ein komplettes Spielzelt mit Masten und allem Instrumentarium ist eine Million nichts Außergewöhnliches.

Damit der Kosten allerdings noch nicht genug: Um von Spielstätte zu Spielstätte zu gelangen, bedienen sich die großen Zirkusunternehmen traditionsgemäß der Bundesbahn als Transportmittel. Das hat vor allem Zeitgründe: Man muß die »spielfreie« Zeit zwischen zwei Gastspielen bestmöglichst nutzen – und hat dafür immer mehr Geld für den schnellen Transport aufzuwenden. Betrugen 1969 die Transportkosten zum Beispiel beim Zirkus Krone in einer Saison bei einer Reiseroute von mehr als 3 000 Kilometern via Schiene noch 65 000 Mark, so waren sie zehn Jahre später schon auf 1,2 Millionen Mark angestiegen.

Aber nicht nur der Transport zum jeweiligen Spielort wird für die Zirkusse zunehmend zum Rechenexempel. Auch die sogenannte Platzmiete, die von Städten und Gemeinden erhoben wird, zwingt die Zirkusunternehmen dazu, immer kostengünstiger zu wirtschaften. So hat – um bei Krone zu bleiben – Europas größter Zirkus, wenn er sich auf eine über 200 Tage dauernde Tournee begibt, allein an Platzkosten schon weit mehr als eine Million Mark zu zahlen. Ein Zirkusunternehmen dieser Größenordnung hat pro Tag Ausgaben von mehr als 40 000 Mark einzuplanen.

Was bleibt unterm Strich? Sind die Zirkusse bei all diesen und noch einer Reihe weiterer (steuerlicher) Belastungen überhaupt noch überlebensfähig? Offensichtlich ja.

Eine Schiffahrt mit Tierschau und Zirkusdarbietungen.
Auch so was kann man sich einfallen lassen, um den Zirkus lebensfähig zu erhalten. Eine Idee des Zirkus Busch-Roland.

Das »Erfolgsrezept«? Entscheidend ist die Leistung. Aber was tun, wenn dennoch die Zirkus-Fans ausbleiben? Es gibt da so etwas wie eine Faustregel in diesem Gewerbe: Im Sommer muß je Gastspielort entweder mindestens eine Vorstellung zu 90 Prozent ausgebucht sein, oder aber zwei zu je 45 Prozent. Dann sind die laufenden Kosten eingespielt.

Heinz Geier äußerte sich Mitte der 70er Jahre als Zirkusdirektor von Busch-Roland in einem Zeitungsbeitrag einmal so: »Bei diesem Unternehmen läßt sich Gewinn und Verlust kaum kalkulieren. Profit oder Ruin kann an ein paar Sonntagen hängen, an denen die Leute nicht in den Zirkus, sondern ins Freie fahren.« Das Publikum, so Geier damals weiter, »sei unberechenbar und voller Allüren«. Man wisse nie, »warum es nicht kommt«. Wenn es dann allerdings kommt, kann es davon ausgehen, von all den hier erwähnten Problemen nichts mitzubekommen. Dann zählt einzig: Vorhang auf, Manege frei.

★

Vor der Vorstellung

Wenn es läuft, dann läuft es wie am Schnürchen. Ganze acht Stunden benötigt zum Beispiel eine aus 60 Personen bestehende Mannschaft, um eine komplette Zeltstadt quasi aus dem Nichts entstehen zu lassen. Eine Rekordleistung, von der das Zirkuspublikum in der Vorstellung kaum etwas ahnt.

Im »Zirkus-Kurier«, einer eigenen Zeitung des Zirkus Busch-Roland, las sich das in der »Saison-Ausgabe 1978« minutiös aufgelistet so: »Count down bis zur Premiere:

7.00 Uhr – Ankunft der Sonderzüge auf dem Güterbahnhof
7.15 Uhr – Einrangieren und Entladen
7.30 Uhr – Der Zeltmeister steckt die Entfernungen ab
7.45 Uhr – Die Eisenanker werden eingeschlagen und das Zeltmaterial abgeladen

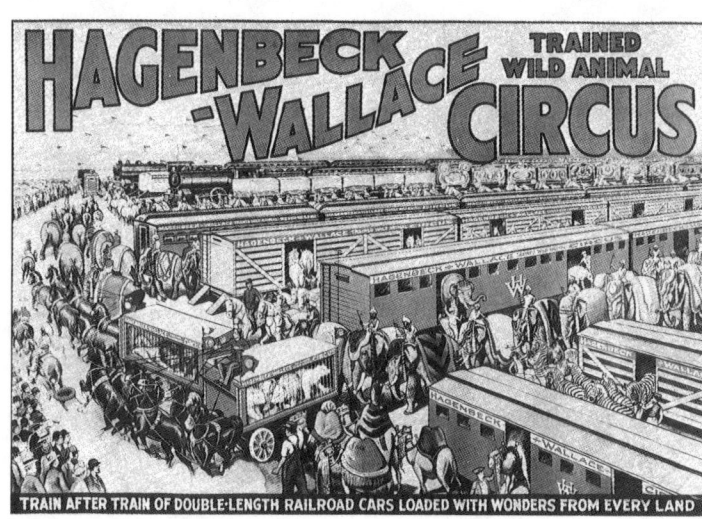

Ein riesiger Zirkus kommt an! Ob da wohl Zelt und Tiere in nur acht Stunden am richtigen Platz sind, die Vorstellung beginnen kann?

★   ★

8.00 Uhr – Auf dem Platz werden die Hauptmasten ausgelegt, zusammengesetzt und die Absegelungen befestigt

8.20 Uhr – Die ersten beiden Hauptmasten werden gleichzeitig mit Zugmaschinen hochgezogen, die anderen danach

8.45 Uhr – Die Stallzeltkolonne errichtet die Stallzelte für Elefanten, Exoten und Pferde

9.00 Uhr – Nach den Materialwagen kommen die ersten Wagen auf den Platz, wie Kasse, Mannschaftsküche und Raubtierwagen

9.30 Uhr – Die Motorwinden ziehen langsam die Zeltleinwand in die Höhe. Die Stallzelte stehen und die Boxen werden mit Stroh ausgelegt

10.00 Uhr – Frühstückspause an der Mannschaftsküche

10.30 Uhr – Die Elektriker legen Kabel aus und ordnen die Lichterketten, die an den Hauptmasten aufgezogen werden

11.00 Uhr – Der Aufbau des Gradins (Fachwort für gesamte Sitzeinrichtung) ist in vollem Gange

11.30 Uhr – Die Fassade ist errichtet. Die Frontwagen mit den Büros stehen und der administrative Betrieb läuft auf Hochtouren

12.00 Uhr – Die ersten Tiere treffen auf dem Fußmarsch vom Bahnhof ein und gehen in die fertigen Ställe

13.00 Uhr – Im Hauptzelt werden die Logen gesetzt und die Piste. Die Luftartisten tarieren ihre Trapeze mit Wasserwaage aus

13.40 Uhr – Die Rundleinwand wird um das Zelt gezogen. Das Restaurationszelt wird errichtet

14.00 Uhr – Die Baubehörde erscheint zur technischen Abnahme

15.00 Uhr – Die Arbeiter schlüpfen in die Livreen. Einlaß beginnt. Und dann ertönt bald der Tusch und Manege frei – DAS SPIEL BEGINNT!«

Ankunft der Zirkuswagen und Zeltaufbau beim Zirkus Busch-Roland

Der kleine Wanderzirkus

Für die einen sind sie ein Dorn im Auge, für die anderen das Salz in der Suppe: All jene zirzensischen Unternehmen, die nicht mit den Großen im Lande konkurrieren können, ihnen aber dennoch gelegentlich die lokalen Schlagzeilen stehlen. Die Klein- und Mini-Zirkusse also, jene, deren Zukunft ungewisser denn je erscheint. Die weder über einen großen Fuhr- und Tierpark verfügen, noch über eine hochbezahlte, weltbekannte Startruppe. Was sie zu bieten haben, ist dennoch nicht zu unterschätzen: Es ist Zirkus pur.

Auch der Opa ist noch mit von der Partie …

Die Klein-Zirkusse sind auf sofortigen Erfolg angewiesen. Anders als bei den Krones, Barums oder Althoffs können sie ihre »Tourneen« nicht über Jahre hin im voraus planen, Artisten verpflichten, Tierbestände ausleihen und Hunderttausende in neue technische Errungenschaften investieren. Sie nehmen mit Rummelplätzen als Spielorte vorlieb für das, was früher vor allem in ländlichen Gebieten zur Attraktion geriet. »Der Zirkus kommt, der Zirkus ist da.« Einem Zauberwort gleich verbreitete sich das in kürzester Zeit im Ort und in den angrenzenden Gemeinden. Und heute? Was ist heute, wenn der »Zirkus Cramer«, wenn »Apollo«, »Royal«, wenn der »Zirkus Aramannt«, wenn »Europa«, »Hansa«, »Kaiser«, »Belly« oder wie sie noch alle heißen, anreisen? Wenn sie ihre wenigen Zirkuswagen zum Halbrund gruppieren, ihr nur ein paar hundert Leute fassendes Zirkuszelt aufbauen und vielleicht im Ort noch ein paar Handzettel verteilen? Auf denen dann zu lesen ist, was alles geboten wird. Da ist dann von einem Perche-Akt die Rede, worunter man die Darbietung artistischer Nummern an einer langen, senkrecht gestellten Stange zu verstehen hat. Oder man sieht, wie die Kleinsten aus der Familienriege sich als Parterreakrobaten vorstellen. Bei den einen ist der Löwe zum Anfassen der absolute Star, bei anderen Kleinzirkussen sorgen Kinderclowns, ein Pferd, das angeblich rechnen kann, eine dressierte Kameldame, ein wild dreinschauender Messerwerfer oder ein Feuerschlucker für Aufsehen. Kommt sie dann auf, die große Zirkus-Faszination? Ja, denn auch im noch so kleinen Zelt kann man den Zirkus spüren, riechen, mit allen Sinnen aufnehmen. Beim Zirkus Cramer beispielsweise, wo Zirkuschef Rolf Cramer mit Ehefrau Cornelia und ein paar Helfern alles selbst verrichtet. Er ist dabei nicht nur Ansager, Akrobat, dummer August und Kunstreiter in einem, sondern zudem auch noch für den Aufbau des Zeltes verantwortlich. Fünfzig Stationen umfaßt eine Saison für die Cramers, die ein »rechnendes Pferd« zu ihren Attraktionen zählen. Was sie Tag für Tag einneh-

Hier macht jeder mit …

Auch in einem kleinen Zirkus kann es große Clowns geben ...

men, ist kaum mehr als das, was bei Sarrasani oder Busch-Roland ein, zwei besetzte Stuhlreihen einbringen. Und dennoch, wer sie etwa fragen sollte, ob sich all die Anstrengungen lohnen, erhält als Antwort: »Das ist unser Leben!«

Oder man nehme den »Zirkus Royal«, ein Kleinunternehmen, das laut Zirkusdirektor Ewald Sperlich seit 300 Jahren in Familienbesitz ist. Wie viele Besucher sich im Zirkuszelt einfinden, weiß vorher keiner. Aber auch bei nur halbvollen Rängen wäre das Auskommen der »Royal«-Familie (zu der u.a. gut zwei Dutzend Frauen, Männer und Kinder, ein Traktor, ein Lkw, etliche moderne Wohnwagen, vier alte Zirkuswagen und rund 60 Tiere zählen) gerade noch gesichert.

Kaum anders ist die Situation beim Familien-Zirkus »Apollo«, der schon öfters für traurige Schlagzeilen sorgte. 1979 war er mit 13 Personen und einem Tierbestand von sieben Kamelen, 32 Pferden, drei Affen, einem Elefanten, zwei Hunden und zwei Ziegen einer Einladung zu einer Gastspielreise nach Finnland gefolgt und dort schon nach kurzer Zeit in finanzielle Not geraten. Was tun? Der Gang zur deutschen Botschaft folgte, die Bitte um Geld für die Heimreise und die Gewährung eines rückzahlbaren Darlehens durch das Außenministerium machten »Apollo« über Nacht zur Berühmtheit. Das Unternehmen, scherzhaft auch »Zirkus Genscher« genannt, war so kurzzeitig ein »Staatszirkus«.

»Apollo«, »Kaiser«, »Royal« & Co., die zwei, drei Dutzend durch deutsche Lande reisenden Mini-Unternehmen haben eine nicht zu unterschätzende Aufgabe in der Zirkuslandschaft: Sie leisten Basisarbeit mit zum Teil einfachsten Mitteln. Sie kämpfen Woche für Woche ums Überleben und sind vertraut mit dem alltäglichen Hoffen und Bangen. Dennoch haben sie sich dem Zirkus verschrieben, dem, was sie für das eigentliche Leben halten.

Berühmte Artisten

Die großen Clowns
Bitte mal alle lachen!

Wo es ums Lachen geht, sind die Clowns, die Spaßmacher zuständig, jene Akteure, ohne die ein Zirkus seinen Namen nicht verdient hätte. Sie schlüpfen in eine Maske und spielen uns Szenen einer Welt vor, die nur auf den ersten Blick fremd scheint. Denn es ist die Alltagswelt, wenn auch aus einem ganz bestimmten Blickwinkel heraus betrachtet.

Auch der Schriftsteller Fritz Usinger hat einmal versucht, das Wesen des Clowns zu ergründen. Er schrieb: »Die Clowns, diese armen Ritter der bedrohten Menschlichkeit, die nach einer Niederlage sofort wieder zu lächeln bereit sind, jene wahnwitzigen Kämpfer gegen den Wahnwitz der Welt, die, siegend oder besiegt, uns in ein Gelächter stürzen, daß wir vor Tränen des Glücks und der Ergriffenheit gar nicht mehr sehen, wie der Held auf dem wüsten Trümmerfelde seiner harmlosen Unternehmungen zum zehnten Male die Klarinette ansetzt, um endlich das zu tun, was ihm nie gelingt und was jeder Sterbliche gern tun möchte: einmal ungestört seine Seele aussingen.«

Lachen die Zuschauer nun aus Schadenfreude oder lachen sie im Grunde gar über sich selbst? Clowns scheinen Auftritt für Auftritt ihr gesamtes Innenleben zu offenbaren und bleiben doch voller Rätsel. Sei es der »dumme August«, der die Welt des Kindes verkörpert, oder der »Weißclown«, »adrett« gekleidet und ein Abbild der strengen Ordnung in der Erwachsenenwelt.

Sind Clowns nur Komiker? Sind sie die Krone des Komischen, die wahren Könige des Zirkus? Wie wird man solch ein Clown, der mit einer Geste, einem einzigen Wort ein ausverkauftes Zirkuszelt zum Wackeln bringt? Wie hat es angefangen mit dieser Sparte der Alleinunterhalter?

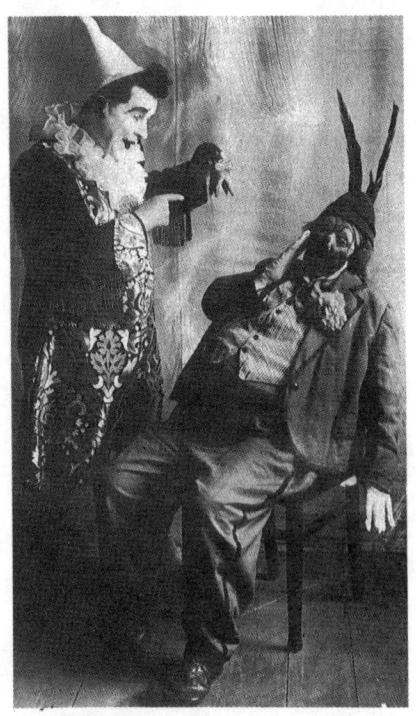

Tom Belling jun. mit seiner Frau Anna, um 1910

»Clown«, zu deutsch Spaßmacher, ist ein aus dem Englischen entlehntes Wort, das in der Zirkussprache des vorigen Jahrhunderts erstmals auftauchte. Im frühen englischen Theater verstand man unter »clown« die Rolle eines »Bauerntölpels«. Aber schon auf Joseph Grimaldi (1779 bis 1837), den viele als das Urbild aller modernen Clowns sehen, traf diese Bezeichnung nicht mehr zu. Denn Clowns haben bei aller gespielten Tolpatschigkeit auch immer eine »Botschaft« zu vermitteln.

Tom Belling beispielsweise (1843 bis 1900) hat um 1870 die bis dahin nicht gekannte Figur des »dummen August« erfunden. »Footit und Chocolat« fielen Ende des vorigen Jahrhunderts auf, weil das Duo aus einem Weißen und einem Schwarzen bestand. Und nicht zu vergessen: Grock alias Charles Adrian Wettach, der 1980 einhundert Jahre alt geworden wäre und mit seinem »Nit mööglich« die Besucher zum Lachen brachte. Oder

Das Clown-Duo Footit und Chocolat in der »Eisenbahnszene«, um 1910

Grock (links) mit seinem Lehrer
Antonet, um 1910

★   ★

Charlie Rivel, um 1935

Charlie Rivel, dessen Ausspruch »Akrobat schööön« zu seinem Markenzeichen wurde. Er stand bereits mit drei Jahren erstmals und mit 85 Jahren letztmals in der Manege. Was war das für ein Bild, wenn er mit seinen Quadratlatschen, dem viel zu langen Hemd und der quadratischen Pappnase (die aus Aluminium war) auftrat!

Über sein »Erfolgsrezept« hat Rivel sich einmal so geäußert: ›Nur, wenn der Clown die Menschen liebt, kann er wirklich gut sein.‹ Doch »wirklich gut« sind offensichtlich nur wenige. Die russischen Clowns Karandasch oder Oleg Popov, der in Amerika gefeierte Emmett Kelly, die Italiener Alberto und Carlo Colombaioni sowie »Les Francesco« (Ernesto und Enrico Caroli) oder die Schweizer »Emil« und »Dimitri«.

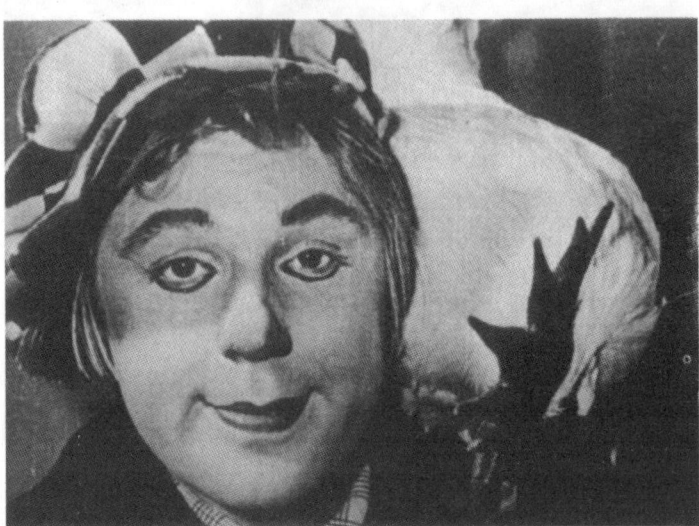

Popov, um 1965

Clowns darzustellen, das ist bis auf wenige Ausnahmen eigentlich immer Männersache gewesen. Anna Belling gehörte zum allerkleinsten Kreis jener weiblichen Spaßmacher, zu dem auch die Schweizerin Gardi Hutter zählt. Ob Mann oder Frau, wichtig ist, daß der Funken der Freude auf das Publikum überspringt. Nur solche Clowns bleiben in Erinnerung. Bei Ringling Brothers and Barnum & Bailey waren 1931 die Chancen dafür besonders groß: Damals verfügte dieser amerikanische Superzirkus über nicht weniger als 48 Clowns.

Les Francesco, Zirkus Krone

INTERVIEW
Auch wenn einem nicht zum Lachen zumute ist

Zusammen mit seinem Bruder Ernesto gehörte Enrico Caroli (als Duo »Les Francesco«) viele Jahre zu jenem Kreis international bekannter und geschätzter Clowns, die dieser zirzensischen Sparte wichtige Impulse gegeben haben. Das nachfolgende Gespräch ist kurz vor einem neuerlichen Auftritt der beiden in der Garderobe von Enrico Caroli geführt worden.

Herr Caroli, Sie sind Clown, haben einen Beruf, den man eigentlich gar nicht erlernen kann. Wie wird man, wie wurden Sie Clown?
CAROLI: Ich bin Clown geworden, weil dies bei uns seit Generationen so üblich ist. Den Clown-Beruf, das lernt man, wie ein Kind in der Schule lernt. Man hat Vorbilder innerhalb der Familie.
Wie unterscheiden sich die unterschiedlichen Clown-Typen voneinander?
CAROLI: Der Clown und der Komiker August, die kommen noch aus der Zeit der Harlekine, stammen aus der Zeit der Commedia dell'arte. In den 50er Jahren traten Clowns zumeist als Duo auf. Der eine war der schlaue und der andere der dumme August. Dann folgten die Trios. Es gab den weißen Clown und die zwei dummen Auguste, einen ersten und einen zweiten. Man hat mit besonderen Effekten, mit Lautsprechern, mit Musik gearbeitet und weniger gesprochen. Während die früheren Clowns mehr als Mimiker, wie auch als Sprechunterhalter sich verstanden, übt man heute die gleiche Nummer mit weniger Sprechen, mit weniger Mimik, aber mit mehr Komik, persönlicher Komik.
Clowns sind im Bewußtsein des Publikums Darsteller, Künstler, die zumeist Heiterkeit vermitteln, Lachen hervor-

rufen sollen. Aber hinter der Schminke, hinter der Maske verbergen sich natürlich Menschen mit Gefühlen. Personen, denen auch nicht immer zum Lachen zumute ist. Erinnern Sie sich an Auftritte, in denen Ihnen dieser innere Konflikt bewußt geworden ist, wo Sie etwas darstellen mußten, damit die Leute lachten, Ihnen aber im Grunde selbst überhaupt nicht zum Lachen zumute war?

CAROLI: Ja. Ich erinnere mich an einen solchen bevorstehenden Auftritt, der damit begann, daß wir ein Telegramm bekamen, in dem stand, daß mein Vater plötzlich verstorben ist. Wir mußten in die Manege gehen, um die Kinder zum Lachen zu bringen. Das Publikum durfte nicht merken, daß die lustigen Clowns hinter der Maske traurig waren.

Trapezkünstler, Dompteure, Jongleure haben ihr tägliches Trainingsprogramm. Wie sieht denn die Probenarbeit bei Clowns aus?

CAROLI: Die haben wir auch. Wir haben z.B. das Zusammenspiel von Musik und Komik einzustudieren. Von Mal zu Mal. Und dann natürlich, wenn wir ins Repertoire eine neue Nummer aufnehmen.

Das heißt, Sie stellen von Zeit zu Zeit auch Ihr Programm um?

CAROLI: Ja, nach den Wünschen der Direktion. Das Programm spielen wir dann ein bis zwei Jahre.

Wohl in jedem Beruf gibt es so etwas wie Vorbilder. Welche haben Sie?

CAROLI: Meinen Urgroßvater. Er hat die Caroli-Zirkus-Familie gegründet. Er hatte sich verliebt in eine Seilkünstlerin, sie geheiratet, gab seinen bürgerlichen Beruf auf und wurde Clown. Er war der erste Clown der Caroli-Familie.

Wann war das?

CAROLI: Das war vor über 150 Jahren in Italien. Im Raum von Bologna, Valencia.

Das Schminken scheint gerade bei Clowns ein ganz wesentliches Element der Arbeit zu sein. Gibt es da besondere Techniken, überlieferte Traditionen?

CAROLI: Ja, sicher. Es kommt darauf an, wie der Clown zu wirken hat. Mein Bruder zum Beispiel, er schminkt sich nur mal zehn Minuten für einen dummen August. Für den weißen Clown braucht er mehr, eine Dreiviertel- bis eine Stunde. Die Farben sind besonders hautfreundlich. Früher hat man weiße Leime genommen mit Öl und Vaseline. Heute sind es Wasser- oder Fettfarben. Es gibt dafür sogar Spezialgeschäfte, zum Beispiel in Berlin, London, Paris, in Milano und Düsseldorf. Die haben sogenannte Circus- oder Theaterschminke im Angebot. Spezialfarben, die gut sind für die Haut und auch halten, wenn man schwitzt.

Diese besonderen Farbstriche im Gesicht eines Clowns, ist das etwas Überliefertes, etwas Festgeschriebenes?

CAROLI: Das muß man herausfinden im Laufe der Jahre. Jeder Mensch muß die zu seinen Gesichtszügen passenden Farben und Striche und Mischungen finden. Es kommt auf die ganz individuellen Nuancierungen an. Ich kann sofort aggressiver, ja brutaler wirken, wenn ich nur ein bißchen mehr Schwarz darauf gebe, diesen oder jenen Strich verstärke.

Wie kontrollieren Sie das?

CAROLI: Ich sehe das im Spiegel.

Aber das Publikum ist doch zwanzig oder mehr Meter weit entfernt?

CAROLI: Das spüre ich. Die Zuschauer müssen einerseits alle Respekt vor mir haben; trotzdem dürfen sie mich nicht fürchten. Und das ist das Heikle, besonders mit Kindern. Es ist eine schwierige Sache, das Schminken. Mit dem Schminken werden die verschiedenen Charaktere herausgearbeitet. Das braucht sicher Jahre, jahrelange Erfahrung, um auf diesem Wege eine Persönlichkeit zu entwickeln. Was wir Clowns spielen, ist eine Komödie. Und die braucht das Publikum immer wieder.

Sie müssen gleich wieder auftreten?

CAROLI: Ja, wir haben keine Ruhe. Aber diese fehlende Ruhe beklage ich noch nicht einmal. Es ist etwas anderes. Wenn Sie in einem Theater auftreten, dann können

★

Sie in einem Moment, wo es ruhig ist, eine Fliege summen hören. Das können Sie in einem Zirkus nicht. Das Zirkuspublikum ist von Natur aus unruhiger. Zwar meinen wir, daß jedweder Lärm letztlich die Kunst sabotiert, aber wir müssen uns damit abfinden.

Ein Zirkus ohne Clowns wäre fast so etwas wie ein Auto ohne Räder. Dennoch, wie stellen Sie sich Ihre Zukunft, die Zukunft der Clowns-Zunft, die Zukunft des Zirkus überhaupt vor?

CAROLI: Der Clown wird im Zirkus nie sterben. Solange es Kinder gibt, für die ein Zirkus ohne Clowns nicht vorstellbar ist. Solange das Publikum zu begeistern ist, die Leute trampeln und noch mehr Clown-Nummern sehen wollen, solange wissen wir, wo wir und die folgenden Clown-Generationen ihren Platz haben: Unterm Zirkuszelt, in der Manege, vor Menschen, die das Lachen nicht verlernen wollen, nicht verlernen dürfen.

Der Retter mit den großen Schuhen

Es klopft an der Tür. Niko sieht auf seine Uhr. Kurz vor Mitternacht. Eigentlich nicht die richtige Zeit für einen Besuch. Er hat die Beine lang ausgestreckt und seine Gute-Nacht-Zigarre geraucht. Sein Gesicht ist nicht mehr weiß und rot geschminkt. Manche Falten treten nun deutlicher als am Tage hervor. Aber Niko überlegt nicht lange und ruft ein langgezogenes »Herein!«.

Noch einmal klopft es, und Niko ruft ein zweites Mal »Herein!«, diesmal etwas lauter.

Die Holztür knarrt. Dann steht der Direktor in dem Wohnwagen. Zirkusdirektor Hansi Kuhle höchstpersönlich. Vom Mondlicht erhellt, sind hinter ihm in der Dunkelheit die Umrisse des großen blauweißen Zirkuszeltes zu erkennen. Mit einem Ruck zieht er die Tür hinter sich zu.

»Von draußen sah ich noch Licht«, sagt er. »Niko, ich muß unbedingt mit dir sprechen. Ich brauche deinen Rat.«

Niko, der seit mehr als vierzig Jahren als Clown zum Zirkus »Zebra« gehört, viel länger als Direktor Kuhle, macht eine einladende Handbewegung. Der Direktor sinkt nieder auf einen Schemel mit Weidengeflecht. Er knöpft seine Winterjacke auf, denn er bekommt schlecht Luft. Dann beginnt er seine beschlagene Brille zu putzen.

»Facetti ist krank«, sagt er schließlich. »Nicht krank. Verletzt, besser gesagt.«

»Angelo Facetti verletzt? Was ist denn passiert?«

»Gestürzt. Du kennst doch seine große Maschine.«

»Das neue Motorrad«, sagt Niko und stößt eine Wolke Zigarrenrauch in die Luft.

»Er hat seine Eltern besucht. Auf der Rückfahrt ist er in einer Kurve unglücklich auf Laub ausgerutscht und zu Boden gegangen. Das linke Bein lädiert. Eine Woche Krankenhaus, sagen die Ärzte.«

Niko sieht seinen Chef nachdenklich an, denn er weiß sofort, was das für den Zirkus bedeutet. Dann wandert sein Blick über das rot-weiß gestreifte Clownshemd und die übergroße weiße Hose, die an einem Haken neben dem Fenster hängen. Die knallrote Pappnase liegt auf einem schmalen Schränkchen mit abgeblätterter brauner Farbe.

»So, wie es jetzt aussieht«, fährt Hansi Kuhle fort, »muß die Raubtier-nummer morgen ausfallen. Morgen und an den anderen Tagen. Aber ein Zirkus ohne Löwen und Tiger, ganz unmöglich! Ich weiß nicht mehr weiter.«

Dem Direktor ist es noch heißer geworden. Er zieht seinen Schal vom Hals. Niko ist von seinem Sessel hochgesprungen. In dem engen Wohnwagen geht er auf und ab. Vier Schritte vor, vier Schritte zurück. Alexander III., der gelb-rot-grüne Papagei, ist aus seinem Tiefschlaf aufgeschreckt und krächzt empört in die Runde. Niko gibt dem Papagei ein Zeichen, ruhig zu sein und versucht einen seiner Scherze anzubringen:

»Verdammt, sagte der Osterhase, jetzt haben wir ja Weihnachten!«

»Wirklich keine gute Lage«, meint der Zirkusdirektor, der über Nikos Scherz nicht einmal schmunzeln kann.

»Aber wir könnten einen der Tierpfleger in Angelos Tarzanfell stecken und mit den Raubtieren auftreten lassen«, schlägt Niko schließlich vor. »Ein kleiner Betrug zwar, aber niemand wird ihn bemerken. Fast niemand.«

»Sie trauen sich nicht«, winkt Hansi Kuhle ab. »Hab' sie beide schon gefragt, den Miguel und den Thomas. Nein, sie weigern sich. Die Tiere sind ihnen zu gefährlich.«

Niko wandert weiter hin und her, ständig verfolgt von den hilfesuchenden Augen des Direktors. Seine Zigarre liegt inzwischen im Aschenbecher auf dem Tisch und wird kalt.

»Wieso fällt mir denn diesmal nichts Passendes ein?« fragt sich der Clown laut, und seine Stimme klingt ziemlich hoffnungslos. Er stellt sich vor einen kleinen Spiegel mit Goldrahmen und zieht Grimassen, klopft mit seinen Fingerknöcheln gegen seine Schläfen und schüttelt den Kopf.

»Simsalabim Simsalabim!« murmelt er.

Endlich kehrt Niko in seinen Sessel zurück, legt die Beine auf die dunkelbraune Anrichte und steckt seine Zigarre wieder an, wozu er sich viel Zeit nimmt.

»Ja, so könnte es gehen«, sagt er dann, ohne seinen nächtlichen Besucher anzusehen. »Es gibt da eine Cousine in Hamburg. Sie war mal bei einem Zirkus in der Schweiz beschäftigt. Mira. Vielleicht traut sie sich, nach so langer Pause ...«

»Na bitte! Glänzende Idee«, meint der Direktor. »Ich weiß doch, daß du immer die besten Einfälle hast.«

Am nächsten Vormittag, zu Beginn der üblichen Vorbereitungen für das Nachmittagsprogramm, sind alle Zirkusleute ziemlich aufgeregt, nachdem sie von Angelos Sturz erfahren haben. Als sie dann aber hören, daß der Clown Niko noch in der Nacht mit seinem uralten Auto losgebraust ist, um Ersatz für den verletzten Dompteur zu besorgen, beruhigen sie sich schnell wieder. Niko hat ihnen schon oft aus Schwierigkeiten herausgeholfen. In der Nacht hat er bei seiner Cousine das Telefon zehnmal klingeln lassen, dann ist er kurzentschlossen losgeprescht, weil sie sich nicht meldete.

Die Stunden vergehen, ohne daß etwas passiert. Es wird Mittag, und Niko und Mira tauchen nicht auf. Immer häufiger eilt Hansi Kuhle zum Zirkuseingang, um sie in die Arme schließen zu können. Ebenso oft kehrt er enttäuscht um. Die Nachmittagsvorstellung muß ohne die Raubtierdressur ablaufen. Für Niko ist ein begabter Nachwuchsclown eingesprungen.

»Eine mittlere Katastrophe!« stellt der Zirkusdirektor enttäuscht fest. Klar, jeder hat es schwer, den Vergleich mit Niko zu bestehen.

Endlich! Es geht schon auf den Abend zu, als Nikos Auto auf den Zirkusplatz schaukelt, am Werkstattwagen und am Elektrizitätswagen vorbeifährt und neben seinem Wohnwagen anhält. Aber Niko ist allein. Hilflos breitet er die Arme aus.

»Sie ist nicht da! Verreist. Mira ist vorgestern verreist! Sie hält sich in Rom auf.«

Schweigend wendet sich der Direktor in seinem feierlichen schwarzen Frack ab. Niko sieht todelend aus, blaß und übermüdet. Ein paar Angestellte des Zirkus »Zebra« umringen ihn und klopfen ihm auf die Schultern, obwohl er noch nichts erreicht hat.

»Aber ohne Raubtiernummer sind wir doch kein richtiger Zirkus«, sagt schließlich einer von ihnen, und alle nicken zustimmend.

»Dann werde ich es tun«, erklärt Niko mit einem Mal.

Sein Entschluß ruft ein ungläubiges Staunen auf den Gesichtern der anderen hervor.

»Nein, das ist viel zu gefährlich. Du hast einfach zu wenig Erfahrung …«

»Ich werde es schaffen. Angelo und seinen Tieren habe ich oft genug zugesehen.«

»Nein, das kann ich doch gar nicht von dir erwarten«, sagt der Direktor. »Dann lassen wir es lieber …«

Der bärenstarke Anton, der alle anderen um einen Kopf überragt, drängt sich nach vorn.

»Die Löwen werden dich mit Haut und Haaren und deiner Pappnase verspeisen«, verkündet er und reißt zur Bekräftigung seiner Worte seinen Mund weit auf. »Du Winzling kannst die Raubtiernummer gar nicht retten.«

Er sieht sich beifallheischend um, aber den meisten Zirkusleuten ist nicht nach irgendwelchen Scherzen zumute.

»Ich werde mein Bestes geben«, erklärt Niko selbstbewußt und verschwindet in seinem Wohnwagen.

49

Eine Stunde später beginnt die Abendveranstaltung. Die bunten Lichterketten leuchten auf, orientalische Orchestermusik setzt ein, Scheinwerfer geistern über die dunklen Zuschauerränge hinweg, Menschen und Tiere sind in gespannter Erwartung.

Die Besucher haben ihren Spaß an dem abwechslungsreichen Programm. Als Clown begeistert Niko ganz besonders die jungen Leute. Mit seinen riesigen Latschen durchpflügt er die Sägespäne in der Manege, auf der Flucht vor den fliegenden Torten. Niko macht Jonglierkunststückchen mit einer Piccoloflöte, die sogar in seiner Hosentasche weiterflötet, und danach schwingt er sich auf das giftgrüne Einrad, mit dem er auf dem Rand der Manege entlangsaust und immer wieder abzustürzen droht, weil er mit seinen großen Schuhen irgendwo hängenbleibt. Am Ende klopft er sich lachend auf die Schenkel. Die Zuschauer verstehen das als Aufforderung, wie wild in die Hände zu klatschen.

Während der Pause, bei der die Zirkusbesucher die Tiere besichtigen können, wird der Raubtierkäfig aufgebaut. Die Zuschauer sollen sich sicher fühlen vor den wilden Tieren, die mit wiegenden Schritten in die Manege schleichen.

»Himmel, steh mir bei«, flüstert Niko, als er sich umzieht und noch einmal in den Spiegel schaut.

Sein Clownsgesicht bleibt unverändert. Aber er muß in das Tarzanfell von Angelo schlüpfen, der ein bißchen dünner ist als Niko. Ächzend zwängt sich der Clown in den Fellanzug. Ganz tief in seinem Innern kommen ihm Zweifel, ob es richtig war, für Angelo Facetti einzuspringen, einfach so, damit das Zirkusprogramm wie gewohnt ablaufen kann.

»Toi, toi, toi«, wünschen Bert und Bill, die Hochseilartisten.

Der Direktor, der die wichtigsten Programmpunkte seines Unternehmens selbst mit großen Worten und noch größeren Gesten angekündigt hat, bittet nun um besondere Aufmerksamkeit für die einzigartige Raubtierdressur. Er sagt aber nichts von Angelo Facettis Unfall, er spricht von dem nun schon weltbekannten jungen Dompteur, nennt ihn beim Namen und deutet mit einer ausholenden Armbewegung in die Mitte des Käfigs, wo der Clown mit der knallroten Nase steht.

Plötzlich macht der Direktor eine überraschte Miene, als er Niko sieht, eingezwängt in das zu enge Tarzanfell. Die Leute lachen über den dummen Clown, der sich wohl in den Käfig verirrt hat. Beifall brandet auf.

Niko aber steht der Schweiß auf der Stirn. Nicht nur, weil die Scheinwerfer auf ihn gerichtet sind. Bewaffnet mit einem Elfenbeinstock und einer langen Peitsche, bewegt er sich zaghaft in dem Käfig hin und her. Die sechs Tiere beäugen ihn mißtrauisch. Unruhe macht sich bei ihnen bemerkbar, verstärkt von den leisen Trommelwirbeln, die von der Orchesterplattform herüberwehen. Simba, der Löwe, läßt sein fürchterliches Fauchen hören, und zwei Tiger heben drohend ihre Tatzen. Die Tiere mögen keine Änderung in ihrem Dressurprogramm, das ihnen viel abverlangt.

Niko spürt die Angst und die lähmende Müdigkeit, die ihn ganz und gar beherrschen. Etwas ähnliches spüren der Direktor und die Zirkusleute, die mit sorgenvollen Gesichtern durch den lilafarbenen Vorhang am Eingang zur Manege spähen.

Vorsichtig rückt Niko die Postamente zurecht, die mächtigen runden Hocker, von denen aus die Tiger und Löwen ihre gewaltigen Sprünge machen.

»Komm, Sahib, komm«, lockt Niko, aber Sahib und seine Freunde wollen nicht.

Die Zuschauer lachen über die Ungeschicklichkeit des Clowns. Diese Nummer macht ihnen besonderen Spaß. Sie geizen nicht mit Beifall. Klar, sie ahnen nichts von Nikos Problemen.

»Komm, Mister, mach mit«, bittet er.

Dann setzt Mister, der älteste der Tiger, zum Sprung an, streckt sich elegant und landet auf dem richtigen Postament, wo er sich zufrieden seine rechte Vorderpfote leckt. Seine Augen sind starr auf den Fremden in der Manege gerichtet.

»Bravo, Mister, bravo!«

Erleichtert atmet Niko durch. Die Leute auf den Rängen klatschen begeistert. Zirkusdirektor Kuhle steht direkt an der Käfigtür und verfolgt gespannt das Schauspiel.

»Jetzt bist du dran, Sahib. Du weißt das genau. Alles läuft wie sonst auch ab. Alles ganz normal. Bitte, Sahib, laß mich nicht im Stich«, murmelt Niko.

Sahib, der zweite Löwe, kommt auf ihn zu, Schritt für Schritt. Ganz nahe kommt er heran. Niko hebt die Peitsche. Sahib ist stehengeblieben. Langsam richtet er seinen Oberkörper auf. Und dann macht das große Tier »Männchen«. Während die Zuschauer Beifall spenden, kommt Sahib wieder auf seine vier Beine und macht seine Rolle zur Seite. Er landet dicht neben dem Clown, er berührt ihn fast.

»Okay. Alles in Ordnung, mein Bester«, brummelt Niko.

Sahib muß das falsch verstanden haben. Mit einem Mal schnappt er nach dem Elfenbeinstock, den er dem Clowndompteur aus der linken Hand reißt. Die Menge schreit auf, weil Niko beinahe umgefallen wäre. Mit einer Hand konnte er sich noch am Boden abstützen und dann wieder aufrichten.

»Oh, Mann, was nun?« fragt sich Niko flüsternd.

Mit dem Stock im Maul trottet der Löwe, als wäre gar nichts geschehen, zu seinem Platz zurück. Dort läßt er den Stock zu Boden fallen. Stolz blickt er in die Runde, wie ein richtiger König der Tiere.

Ein paar Zuschauer klatschen, erst wenige, dann immer mehr. Ein regelrechter Sturm bricht los. Die Leute halten das Ganze für eine besonders gelungene Dressureinlage.

»Wunderbar, Sahib, du warst wunderbar!«

Etwas anderes fällt Niko, der mächtig verwirrt ist, im Moment nicht ein. Er geht von Tier zu Tier und nickt jedem aufmunternd zu. Danach fühlt er sich etwas entspannter als zu Beginn der Verführung. Tatsächlich läuft die Dressurnummer nun so ab, als stünde Angelo Facetti in der Manege. Es folgen die Sprünge durch den brennenden Reifen und das Balancieren auf einem schmalen Brett, das der Clown scheinbar mühelos hochhält. Die sibirische Tigerdame Larissa und

der junge Ben, ein zweijähriger Berberlöwe, machen ihre Sache aus-
gezeichnet.

Schließlich wartet Ahmed auf seinen großen Auftritt. Ganz gelassen
steht er in der Mitte der Manege. Niko weiß, was das Tier von ihm
erwartet. Er soll sich rücklings auf den Boden legen. Arme und Beine
lang ausgestreckt. Der Tiger wird dann über ihn hinweglaufen, kehrt
machen und ihn mit einem mächtigen Satz überspringen. So ist das
jedenfalls immer bei Angelo gewesen.

»Gut, Ahmed, ich bin bereit. Sei unbesorgt.«

Niko legt sich auf den Rücken. Er spürt sein Herz heftig klopfen. So,
wie er daliegt, ist er vollkommen dem Tier ausgeliefert. Wieder sind
gedämpfte Trommelwirbel zu hören. Der große Kopf des Tigers
kommt unaufhaltsam näher, seine fürchterlichen Zähne werden sicht-
bar, die kalten Augen, und schon hebt das Tier eine Pfote – und geht
vorsichtig über den Clown hinweg. Dann dreht er sich herum und
setzt sofort zum Sprung an. Niko schließt die Augen. Ein Windhauch
streift seinen Körper. Geschafft!

Der Clown springt erleichtert vom Boden hoch. Er verbeugt sich
mehrmals. Mit großem Applaus werden der Clown und die sechs
Tiere verabschiedet.

»Himmel, bin ich froh, daß es vorbei ist«, stöhnt Niko, als sich die
Käfigtür hinter ihm schließt und er hinter dem lilafarbenen Samtvor-
hang verschwinden kann. »Ich weiß nicht, wie oft ich das durchhalte.
Ehrlich gesagt, es war doch schwieriger als erwartet.«

Zirkusdirektor Kuhle, der noch schnell den nächsten Programm-
punkt angesagt hat, kommt auf Niko zugerannt und gratuliert ihm
stürmisch, und alle anderen Zirkusleute, die eine Hand frei haben,
schließen sich ihm an.

»Danke, Niko, das war großartig. Danke für deinen Mut! Du hast
unsere Vorstellung gerettet.«

»Ach, nicht der Rede wert. Bedankt euch lieber bei den Löwen und
Tigern. Sie haben so gut mitgemacht, als hätten sie verstanden, daß
ich nur für Angelo eingesprungen bin, für ihren verhinderten Chef.«

Gegen Mitternacht klopft es wieder an der Tür von Nikos Wohnwagen. Allmählich kommt ihm das schon ganz normal vor. Wieder ist es der Zirkusdirektor, der in der Tür steht.

»Niko, ich sah noch Licht bei dir.«

Der Clown, der längst wieder abgeschminkt ist und seine Freizeitkleidung trägt, nickt ihm aufmunternd zu.

»Nur herein! Obwohl ich hundemüde bin, kann ich nicht schlafen«, erklärt er. »Es gab einfach zu viel Aufregung.«

Er greift nach einer seiner Zigarren, kommt aber gar nicht dazu, sie anzuzünden.

»Jetzt kann wirklich Ruhe einkehren«, sagt Hansi Kuhle nämlich und lächelt ein wenig. »Ich bringe eine gute Nachricht.«

»Aus dem Krankenhaus?«

»Gerade hab ich dort noch einmal angerufen. Angelo geht es schon viel besser, sagt die Nachtschwester. Sein verletztes Bein erhält nun einen Gehgips. Das bedeutet: Morgen ist Angelo wieder hier, und ich denke, die Raubtiernummer kann weitergehen. Natürlich mit unserem Angelo.«

Nikos Gesicht strahlt. Er lacht laut los und schlägt sich, wie vorher in der Menge, klatschend auf die Schenkel. Dabei geht seine Zigarre zu Bruch.

»Glück gehabt. Da bleibt mir morgen einiges erspart«, sagt er schmunzelnd.

Dompteure –
Sie dressieren alles, aber auch alles

Der gesunde Menschenverstand allein reicht bei ihnen nicht aus. Was sie dringend brauchen, wenn sie im Käfig allein sind mit Löwen, Tigern, Panthern, Bären oder Krokodilen, ist Einfühlungsvermögen. Sie müssen erahnen, was gerade in diesem Moment in den Köpfen der Raubtiere vorgehen mag – Kunststücke vorführen ist da fast schon Beiwerk. Dompteure und auch Dompteusen heißen sie. Immer wieder wird darüber diskutiert, ob die von ihnen dressierten Tiere den Auftritt in der Manege als Spiel oder Quälerei empfinden. Auch heute noch, wenn Raubtierbändiger längst nicht mehr mit Pistolen, Eisenstangen und brennenden Fackeln ausstaffiert ihre Truppe durchs Gehege hetzen. Vielerorts scheinen Raubtiere zu Partnern des Dompteurs geworden, aber die gemeinsamen Auftritte sind nicht ungefährlicher geworden. Kaum ein Monat, in dem Zeitungen nicht über spektakuläre Zwischenfälle berichten. Berufsrisiko?

Auch Krokodile lassen sich dressieren…
Dompteur Karah Khavak, Zirkus Krone

Der Sprung durch den brennenden Reifen – bei der »humanen« Tierdressur mittlerweile nicht mehr üblich.

Pharao Ramses II., der von 1292 bis 1225 v. Chr. lebte, soll bereits über einen dressierten Löwen namens Antam-Nekht verfügt haben. Und in Rom hat es zur Zeit der Gladiatorenschauspiele einen Gallier namens Paulus Superbus gegeben, der sich – einzig mit einer Peitsche bewaffnet – in der Arena einem ganzen Rudel Löwen stellte. Was einerseits auf Mut schließen läßt, andererseits auf eine Dressur der Tiere.

Professionell wurde die Raubtierdressur freilich erst viel später betrieben. Es dauerte bis zum Jahr 1831, ehe der Franzose Henri Martin im Pariser Cirque Olympique erstmals mit einer aus Hyänen, Löwen und Tigern bestehenden Gruppe auftrat.

Kein Zirkus, der in der Folgezeit nicht dressierte Löwen, Tiger, Panther, Bären, selbst Krokodile und Nashörner als Attraktion in seinem Programm zu zeigen hatte. Eine Reihe von Dompteuren setzte dabei Maßstäbe. So beispielsweise der 1883 in Marseille geborene Alfred Court. Weltweit bekannt wurde er mit seinen gemischten Raubtiergruppen, von denen eine »Die acht Teufel des Urwaldes« genannt wurde, weil sie sich aus Leoparden, Jaguaren, Pumas, Panthern und Schneeleoparden zu-

★

sammensetzte. Der Inder Dhotre, dessen Wahlspruch lautete: »Das größte Ziel ist für mich, jedes wilde Tier zu meinem Freund zu machen«, erregte Mitte der zwanziger Jahre Aufsehen, als er eine Dressur mit zwei Tigern und einem Widder vorführte.

Der Höhepunkt einer der Dressuren des Schotten Alex Kerr mit fünf Löwen, drei Tigern und einem Leoparden: sein Lieblingstier nahm ihm aus dem Mund ein größeres Fleischstück. Die Darbietungen wurden zusehends waghalsiger: Wilhelm Philadelphia führte einen auf einem Elefanten und einen auf einem Pferd reitenden Löwen vor; bei Richard Sawade in Kopenhagen sah man Löwen, Tiger, Braun- und Eisbären sowie Hunde in einer Nummer.

Unglaublich: boxende Känguruhs, boxende Elefanten!

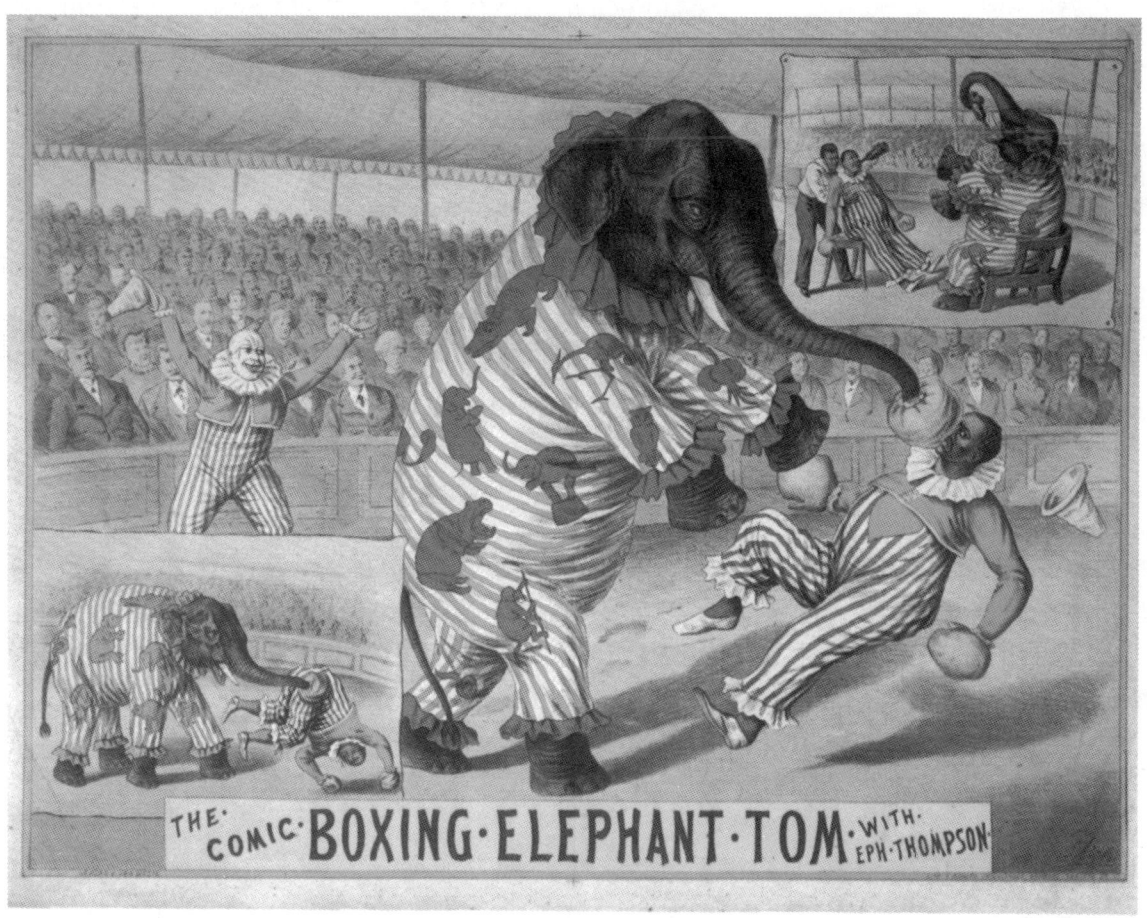

Eine entscheidende Veränderung vollzog sich, als Carl Hagenbeck um 1870 die sogenannte humane Dressurmethode einführte. Die Tiere sollten nicht mehr zu irgendwelchen Kunststücken gezwungen werden, die natürlichen Bewegungsabläufe und Verhaltungsweisen der Raubtiere sollten im Mittelpunkt stehen. Willy Hagenbeck, auch als »der König der Dompteure« gepriesen, vervollkommnete die Dressurmethoden seines Vaters.

Vielleicht sollte man auch noch daran erinnern, daß Bernhard Grzimek einmal als Tiger-Dompteur bei Sarrasani auftrat. Oder daß der erste dressierte Elefant »Baba« hieß und bereits 1816 im Pariser »Cirque Franconi« auftrat.

Natürlich muß man den schon oft von seinen Tieren verletzten Lübecker Dieter Farell nennen und Gerd Siemoneit, der sich 1962 seine erste eigene Tiergruppe zuleg-

Gerd Siemoneit in einer Dressurnummer mit sibirischen Tigern. Der Chef des Zirkus Siemoneit-Barum stand 1952, mit 21 Jahren, erstmalig im Raubtierkäfig... und ist über die Jahrzehnte seiner Leidenschaft, der Tierdressur, treu geblieben.

DOMPTEUR CHARLES ZOOLOG. CIRCUS

Dompteuse Miss Charles. Die kühnste u. mutigste Löwenbändigerin der Gegenwart

Eine Frau im Löwenkäfig: zu Großmutters Zeiten eine Sensation, heute immer noch selten.

te. Und den Schweizer Charles Knie, der auf einem Rhinozeros reitend eine seiner Dressurnummern abschloß. Nicht zu vergessen sind auch all die mutigen Dompteusen, angefangen bei Tilly Bébé, die als erste einen Löwen auf den Schultern durch die Arena trug. Zu nennen sind auch Koringa, die »einzige Fakirin der Welt«, die mit Schlangen und Krokodilen auftrat; die Eisbär-Dompteuse Ursula Böttcher, die Elefanten-Bändigerin Mecky Bemmol oder Zirkus-Chefin Betty Geier-Busch, die sich mit ihren Raubkatzen zeigte.

Frauen und wilde Tiere – bei manchem Zirkusbesucher scheint eine solche Kombination immer noch Nervenkitzel hervorzurufen. Dies versuchte Ende 1977 der Zirkus Corty Althoff für sich zu nutzen. Öffentlich schrieb er

Betty Geier-Busch, die Chefin des Zirkus Busch-Roland, bei der Tigerdressur.

die Stelle einer Raubtier-Dompteuse aus. Talente, so hieß es, würden angelernt. Schon nach dem ersten Zeitungsaufruf meldeten sich vier Bewerberinnen, darunter auch eine Friseuse. Ob sie die Löwen dressieren oder nur deren Mähne schneiden durfte, ist allerdings nicht bekannt geworden.

INTERVIEW
Wenn Raubtiere zu poussieren beginnen

Über 30 Jahre war für den Dompteur Dieter Farell das Raubtiergehege so etwas wie ein zweiter Wohnsitz. Mit Bären, Tigern und Panthern umzugehen, ihre besonderen Fähigkeiten zu erkennen und durch Dressur zu fördern, für ihn Alltag. Wie arbeitet ein Dompteur? Was denkt, was fühlt er, wenn er hautnah mit Raubkatzen zusammen ist? In einem Anfang der 80er Jahre geführten Gespräch gab er Einblicke in die besondere Welt der Dompteure.

Herr Farell, Tag für Tag Umgang mit wilden Tieren zu haben, allabendlich mit Bären, Raubkatzen aufzutreten – empfinden Sie so etwas schon als Normalzustand? Ist Angst ein Fremdwort für Sie?
FARELL: Angst darf ein Dompteur natürlich nicht haben. Dann wäre der Beruf für ihn ungeeignet. Im Unterbewußtsein ist selbstverständlich immer ein bißchen Angst dabei. Nicht vor den Tieren, wohlgemerkt. Es ist wohl mehr eine Art Lampenfieber. Und die Erfahrung hat auch gezeigt, daß die große Unbekannte eigentlich vom Publikum ausgeht. Ein Beispiel: Erst kürzlich hat ein Vater seinen Sohn an den Käfig geschickt, damit er einen Panther am Schwanz ziehen kann. Der Panther sprang herum und wollte das Kind packen. Ich konnte Schlimmeres gerade noch vermeiden. Vor solchen Fällen und Vorkommnissen habe ich Angst. Nicht vor den Tieren.
Wie kamen Sie eigentlich zum Dompteur-Beruf?
FARELL: Ich habe als achtjähriger Junge einen Film gesehen, der hieß »Die große Nummer« und war ein wunderschöner Zirkusfilm. Ich habe ihn dann später elfjährig noch einmal gesehen. Und damit war für mich

eigentlich schon klar: das ist mein zukünftiger Beruf. Aber erst als Sechzehnjähriger habe ich dann den ersten Kontakt mit Löwen in einem Zoo gehabt. Und ich habe gemerkt, daß ich auf die Tiere eingehen kann, daß ich mit den Tieren Kontakt bekomme. Ich stamme also aus keiner Zirkusfamilie. Mein Vater war Bürgermeister eines kleinen Ortes. So ist es also – wenn Sie so wollen – eine Berufung. Wie bei den meisten: denn 95 Prozent aller Raubtierlehrer, die es überhaupt gab und gibt, kamen nicht aus dem Zirkusmilieu.

Das, was dem Publikum fast schon spielerisch erscheint, eine neue, schwierige Dressur, ist Ergebnis harter Arbeit. Wie hat man sich im einzelnen diese Arbeit mit Tieren vorzustellen?

FARELL: Wenn es spielerisch erscheint, dann ist es eine perfekte Dressur. Ich lehne die Gewaltdressur ab, bei der der Dompteur wild umherknallt und auf die Tiere einschlägt. Eine moderne Dressur beruht auf genauesten Kenntnissen des Tierverhaltens und der Tierpsyche. Und so muß ein Dompteur sehen, welche Veranlagungen ein Tier hat. Und dann entscheiden: das eine eignet sich besser zum Springen, das andere wieder für andere Tricks. Aber es gibt bei den Tieren natürlich auch dumme Tiere, so wie es beim Menschen auch welche gibt, die nicht so intelligent sind. Sie wissen, ich habe eine gemischte Gruppe mit jetzt acht Tigern und sechs Panthern. Tiere, die sich in freier Wildbahn nicht begegnen und Todfeinde sind. Gemischte Gruppen sind am schwierigsten. Wenn man die Nummer plant, muß ein roter Faden durch die ganze Nummer gehen. Man muß Höhepunkte aufbauen, immer wieder Höhepunkte reinbringen, und erreichen, daß die Glanznummer den Schluß bildet. Ich bin immer wieder bemüht, außergewöhnliche Tricks zu bringen. Zum Beispiel den dreifachen Synchronsprung; dann habe ich einen aufrechtgehenden Tiger. Was einmalig ist, das sind die beiden Panther, die nebeneinander auf den Hinterbeinen gehen, das ist das Schwierigste bei den Panthern sowieso, weil

Dieter Farells Raubtiergruppe im Zirkus Krone

der aufrechte Gang die äußerste Kampfstellung ist. Und zum Schluß lasse ich mich auch noch von einem Panther anspringen.

Daß Dompteure nicht ungefährlich leben, läßt sich gelegentlich in Zeitungsberichten nachlesen. Was reizt Sie dennoch an dieser Tätigkeit?

FARELL: Nun, es ist zunächst einmal die Arbeit mit den Tieren. Ich liebe Tiere, ganz besonders eben Raubtiere. Und da bietet sich nur der Zirkus für diese Arbeit an.

Für Außenstehende geht eine besondere Faszination von diesem Beruf aus.

FARELL: Ein Leben mit der Gefahr wollen wir Dompteure gar nicht. Etwas Schönes ist eben, daß wir mit den Tieren zusammenarbeiten können. Wir sind praktisch ein Teil, ein Kollege von ihnen. Allerdings ist der Dompteur das »Alpha-Tier«. Er hat eine Stellung innerhalb der Gruppe, die er immer wieder aufs Neue behaupten muß. Ich zum Beispiel arbeite mit meinen Tieren lieber in der Probe als in der Vorstellung.

Warum dies?

FARELL: In der Vorstellung muß ich aufs Tempo drücken, muß alles schnell, publikumswirksam bringen. In der Probe habe ich Zeit, kann in Ruhe auf die Tiere eingehen.

Gibt es gewisse Grundregeln im Umgang mit Raubtieren?

FARELL: Ich muß dazu etwas weiter ausholen. Man bezeichnet den Käfigwagen, die ständige Behausung der Tiere, als Heim erster Ordnung. Dann ist da der große Rundkäfig, wo die Tiere anschließend reinkommen und auf ihren, für sie genau bestimmten Plätzen sitzen. Das nennt man das Heim zweiter Ordnung. Für etwaige Tricks, bei denen die Tiere ihre Plätze verlassen müssen, gibt es das Heim dritter Ordnung. Die Tiere fühlen sich am wohlsten im Heim erster Ordnung, im Käfigwagen. Den sollte man nach Möglichkeit nicht betreten, wenn die Tiere es nicht wünschen. Ich habe Tiere dabei, die kann ich bis heute noch nicht anfassen. In der Manege wenigstens nicht. Die würde ich natürlich niemals im Käfigwagen besuchen. Andere lieben es, wenn ich auch mal näheren Kontakt aufnehme. Ich respektiere das, so wie die Tiere es wollen. Dann, wenn die Tiere in den Käfig kommen, sollte der Dompteur als erster hineingehen. Er hat damit das neue Gebiet schon besetzt, und die Tiere kommen zu Besuch. Das ist sehr wichtig. Viele machen es nicht so. Dann, wenn man eine gemischte Gruppe hat, muß man die schwächsten Tiere, bei mir also die Panther, als erste in den Käfig nehmen. Dann erst kommen die stärkeren Tiere, nämlich die Löwen oder Tiger. Die finden jetzt den Käfig oder das Gebiet von den Panthern besetzt und sind praktisch zu Besuch und machen dann keine Rechte geltend. Das sind eigentlich zunächst mal die Grundregeln. Während der Dressur gibt es zwei maßgebliche Begriffe. Fluchtdistanz ist der eine. Man sieht es bei jedem Wildtier auf dem Feld oder im Wald. Man kommt bis zu einer gewissen Entfernung heran, dann zieht das Tier sich zurück. Auch das ist hier bei uns in der Raubtierdressur ganz wichtig. Nur ist diese Distanz natürlich sehr, sehr gering geworden, und das Tier kann sich nicht zurückziehen, da der Käfig den Rückzug abschneidet. Das Tier wird also je nach Charakter entweder zur Seite ausbrechen oder aber die Flucht nach vorn machen. Und das wäre der Angriff. Wenn Sie sehen, daß ein Dompteur von einem Tier angegriffen wird, dann hat er diese Distanz überschritten. Genau der Punkt, wo das Tier entweder zurückgeht oder angreift, das ist der kritische Punkt. Und an diesem kritischen Punkt muß man sich praktisch bewegen, um ein Tier überhaupt hin und her zu bewegen im Käfig, damit es dann so aussieht, als werde es wie eine Marionette an unsichtbaren Fäden hin- und hergezogen. Das ist natür-

Dieter Farell

lich Erfahrungssache, da braucht man keine Peitsche, um die Tiere zu schlagen.

Sie sagten vorhin, daß Sie aus keiner Zirkusfamilie stammen. Gibt es dennoch berühmte Vorbilder für Sie?

FARELL: Ja, für mich gab es einen Dompteur, der jetzt schon mehrere Jahre tot ist, der hieß Rolf Matthies. Er kam aus dem Hause Hagenbeck. Und dieser Mann hat noch bis ins hohe Alter gearbeitet, ich glaube sogar bis zum 72. Lebensjahr. Ich sah, wie dieser Mann die Tiere beherrschte, ohne sich viel zu bewegen. Er ist Vorbild für eine humane Dressur. Dann gab es noch einen Dompteur, der hieß Wojtesch Trubka, das war ein Tscheche, der beherrschte das Spiel mit diesen Distanzen dermaßen perfekt. Er bewegte sich ständig an jenem kritischen Punkt, und die Tiere langten mit ihren Pranken nach ihm. Und dann war da einer, der als Tarzan gearbeitet hat: Gilbert Houcke, ein Franzose. Von ihnen allen habe ich sehr viel gelernt vom Zuschauen. Denn einen richtigen Lehrmeister habe ich nicht gehabt.

Was empfinden Sie, wenn nach einem geglückten Auftritt der Applaus einsetzt?

FARELL: Man gibt sich Mühe, daß eine Nummer ankommt. Und wenn sie honoriert wird vom Publikum – was soll ich da sagen? Es gibt Städte, da klatschen die Leute rhythmisch noch zwei Minuten nach der Nummer.

Haben Sie Anhaltspunkte dafür, daß auch die Tiere diese besondere Situation einer Zirkusvorstellung registrieren?

FARELL: Die Tiere kennen zunächst einmal ganz genau den Ablauf. Die wissen genau, jetzt kommt das und das. In der Manege spüren sie irgendwie, daß sie bewundert werden. Es sind Katzen, und wenn man mit ihnen gut redet, dann fangen sie regelrecht an, mit einem zu poussieren. Und wenn man nicht aufpaßt, tun sie es sogar manchmal mit dem Publikum, indem sie sich vor dem Publikum drehen und die Aufmerksamkeit auf sich lenken.

★

Wie würden Sie denn das Ziel einer Dressur umschreiben? Welche Harmonie, welcher Gleichklang ist letztlich erreichbar?

FARELL: Zunächst einmal – man kann keinen Trick dressieren, der nicht der Natur entspricht. Selbst das aufrechte Gehen wird immer wieder von den Tieren in der Freiheit exerziert. Und springen müssen sie sowieso, der eine besser, der andere weniger. Man kann den Tieren alles beibringen, was ihrer natürlichen Veranlagung entspricht. Für mich ist die Grenze dort, wo es den Tieren eventuell Schmerzen bereitet. Ein Tier muß bei der Arbeit gelöst sein, und wenn es sich bei der Arbeit nicht wohl fühlt, dann geht es mit Widerwillen in die Manege. Das ist wie bei den Menschen. Wenn die sich bei der Arbeit nicht wohlfühlen, dann bringen sie keine Leistung.

Wie ist es bestellt um die Zukunft Ihrer Berufssparte?

FARELL: Im Grunde genommen ist es so, daß es zu wenig Arbeitsmöglichkeiten gibt. Da ist zum Beispiel in Deutschland für mich eigentlich nur der Zirkus Krone als Auftrittsstelle möglich, alle anderen Zirkusse sind zu klein für meine Raubtiergruppe. Es ist leider Gottes so, daß es zu wenig Winterzirkusse gibt. Ich bin darauf angewiesen, auch ins benachbarte Ausland zu gehen. Ich lebe davon, daß ich eine Darbietung habe, die weit über dem Durchschnitt steht. Den Zirkussen sind natürlich auch Grenzen gesetzt. Alles ist teurer geworden. Um den Nachwuchs sieht es noch trauriger aus. Viele machen sich ganz falsche Vorstellungen. Wenn man mit Tieren arbeitet, gibt es fast keine Freizeit, vor allen Dingen kein freies Wochenende. Tiere müssen immer versorgt sein.

Training

Reinhild schüttelt ihre Schwester. Erst ganz vorsichtig, dann immer heftiger. Renate schreckt aus dem Schlaf hoch.

»Komm, es geht los! Wach endlich auf. Buchenheim! Wir sind schon da.«

Auf zwölf Eisenbahnwaggons haben die Zirkuswagen ihr neues Ziel erreicht. Morgens um fünf sind sie mit dem Zug angekommen, am düsteren Güterbahnhof. Die Zirkusleute stehen fröstelnd an der Verladerampe. Niemand von ihnen kennt die Stadt, die Buchenheim heißt. Nur die Vorreiser, die Männer, die schon seit ein paar Tagen hier sind und für den Zirkus Reklame machen, kennen sich in diesem Ort aus.

Obwohl alle »Zebras« von der langen Fahrt hundemüde sind, müssen sie die Wagen schnellstens von den Spezialwaggons herunterfahren. Als erstes sind die schweren Zugmaschinen dran. Mit ihnen werden die Zirkuswagen zum Festplatz am Rande von Buchenheim gebracht. Es gibt jede Menge Arbeit. Jede Hand wird dabei gebraucht.

Für die »Flying Sisters« wird keine Ausnahme gemacht, obwohl sie nicht älter als neun sind. Die hellblonden Zwillingsschwestern Reinhild und Renate gehören zu den Attraktionen des Zebra-Programms. Fast schwerelos fliegen sie in schwindelnder Höhe über die Köpfe der Zuschauer hinweg, losgelassen und aufgefangen von ihrem Vater. Die meisten Zuschauer halten dann den Atem an, und manchmal ist bei den Zuschauern ein lautes Stöhnen zu hören, wenn nämlich die beiden Mädchen gleichzeitig durch die Luft fliegen.

»Komm endlich!« mahnt Reinhild.

Nun ist nicht die waghalsige Luftakrobatik der beiden gefragt, nun müssen sie sich in aller Hergottsfrühe um das Frühstück für die Truppe kümmern. Einen halben Tag und die Nacht haben die Zebra-Leute in den Zugabteilen verbracht. Kaffee und Tee und Eier müssen nun gekocht, Wurst und Käse geschnitten, Brote bestrichen werden. In einem der Zirkuswagen, der als erster den Festplatz erreicht, sind zwei große Tische zu decken. Wer bei der Arbeit gerade mal zehn Minuten Zeit hat, der stürmt herein und stärkt sich in Windeseile.

»Höchste Zeit, daß ihr kommt!«

Elena ist natürlich auch schon auf den Beinen. Sie sagt den beiden Mädchen, was als nächstes zu tun ist. Seit einem Jahr lebt sie mit dem Vater der Flying Sisters zusammen.

Vor drei Jahren passierte das Unglück, dem die Mutter von Reinhild und Renate zum Opfer fiel. Aus zehn Metern Höhe stürzte sie aus der Kuppel ab und starb auf dem Weg ins Krankenhaus. Nun kümmert sich die dunkelhäutige Elena um den Rest der Familie. Das macht sie mit eiserner Disziplin. Bei jeder Gelegenheit treibt sie die beiden Mädchen an, während der täglichen Arbeit kräftig zuzupacken.

»Ihr habt die Zuckerdose vergessen«, stellt Elena mit einem kurzen Blick über den Tisch fest.

Reinhild flitzt rüber zum Küchenwagen und besorgt den Zucker. Draußen geht es zügig an den Aufbau des Hauptzeltes. Zuerst wird mit Sägemehl ein Plan auf den Festplatz gezeichnet. Dann werden die vier Masten aufgerichtet und an den Ankern befestigt. Das dauert etwa drei Stunden. In der Zwischenzeit kümmern sich die beiden Mädchen um das Abräumen und Abwaschen, und danach müssen sie mithelfen, die Tiere zu versorgen, die Pferde und Zebras und Löwen und Affen und Hängebauchschweine.

»Beeilt euch. Noch heute vormittag beginnt euer Training«, sagt plötzlich der Vater der Zwillinge, der zwischendurch nur mal kurz für zwei Tassen Kaffee in den Eßwagen gekommen ist.

»So schnell?«

»Ihr wißt doch, daß wir zwei Tage lang nichts tun konnten. Wegen der Zugfahrt.«

Noch steht das große Zelt nicht, noch ist das Gestänge für das Trapez nicht montiert. Aber der Hinweis darauf zählt heute nicht und hat bei dem Vater nie gezählt. Das wissen die Mädchen genau.

»Artisten sind immer im Training, sie müssen sich gründlich vorbereiten und auf die Sekunde genau topfit sein.«

Das ist die ständige väterliche Antwort auf die zaghaften Einwände seiner Töchter. Und manchmal meinen die Mädchen, das sei die nachträgliche Erklärung für den Unfall ihrer Mutter. Vielleicht war sie für eine Sekunde unaufmerksam oder eben nicht wirklich topfit.

»Wer dem Gesetz der Schwerelosigkeit ein Schnippchen schlagen will, der muß höllisch aufpassen«, erklärt der Vater abschließend.

Drei Uhr. Viel länger als erwartet hat es gedauert, bis es mit den »Flying Sisters« richtig losgehen kann. Als das Training tatsächlich beginnt, fühlen sich die beiden Mädchen ziemlich schlapp. Aber ihr überdeutliches Gähnen hilft ihnen nicht. Wie ein General steht der Vater neben dem Übungsgerät, das er selbst entwickelt hat und gibt seine Kommandos. Sie beginnen mit der Gymnastik, die ihre Gelenke lockert, sie machen Dehn- und Sprungübungen. Schon nach kurzer Zeit schnappen die Mädchen heftig nach Luft. Sie schwitzen enorm und sehnen sich nach einer Pause. Ihr Vater aber gibt Anweisungen für die nächste Trainingseinheit.

Renate schwingt sich hoch an der Reckstange, wirbelt zweimal herum und landet auf einer schmalen Sprungmatte. Ihr Landung ist nicht optimal. Sie kommt etwas schräg auf.

»Oooohh!« Sie verzieht das Gesicht, humpelt ein paar Schritte und läßt sich auf eine Holzkiste fallen.

»Oh, das ging verdammt schief. Mein Fuß ...« stöhnt sie und reibt ihren linken Knöchel.

70

Da taucht Niko plötzlich auf. Er hat alles mitbekommen. Niko, der Clown. Er kniet vor Renate nieder und begutachtet den Fuß, den er vorsichtig bewegt. Das Mädchen wirft den Kopf nach hinten, weil der Fuß so fürchterlich schmerzt.

»Ein bißchen verstaucht. Warte hier, ich werde ihn bandagieren. Das ist jetzt wichtig.«

Und schon ist er mit schnellen Schritten unterwegs zu seinem Wagen. Niko weiß eben immer weiter. Reinhild hält ihre Schwester an einer Hand fest, während der Vater den verletzten Fuß hochhält.

»So ein Mist«, stöhnt Renate.

Mit einem kalten Umschlag und einer Bandage geht es ihr schon viel besser.

»Schluß für heute!« bestimmt Niko.

Der Clown gibt dem Vater ein Zeichen und zieht ihn dann entschlossen zur Seite. Er hakt sich bei ihm ein, und so gehen beide einige Schritte weiter, bis die Mädchen sie nicht mehr verstehen können.

»Bernhard«, sagt Niko, »übertreib es bitte nicht mit den beiden.«

»Was nötig ist, wird halt gemacht. Jeden Tag.«

»Aber du verlangst einfach zu viel von ihnen«, wendet Nico besorgt ein. »Sie hatten doch heute schon einen überaus anstrengenden Tag.«

Der Vater lächelt den Clown, vor dem alle Zirkusleute eine gehörige Portion Respekt haben, etwas mitleidig an.

»Ob ich zu viel verlange, das kannst du nicht beurteilen, mein Bester. Clowns leben und arbeiten ganz anders als wir.«

»Irrtum. Ich kenne mich aus im Akrobatenleben, hab' es selbst einige Jahre lang erlebt. Aus allernächster Nähe, ganz direkt. Und ich beobachte deine Arbeit mit den Mädchen schon eine Zeitlang. Du übertreibst ein wenig, fürchte ich. Reinhild und Renate haben ein Recht auf Freizeit, Freiheit, eigene Ideen …«

»Meinst du wirklich? …«

Reinhilds und Renates Vater sieht den Clown lange an. Seine Backenknochen bewegen sich hin und her. Nicht lange, dann klatscht er in die Hände.

»Okay, du hast ja recht. In Zukunft gehen wir es etwas zurückhaltender an. Feierabend!«

Sein »Feierabend« hat der Vater so laut gerufen, daß es alle mitbekommen. Reinhild und Renate heben ihre Köpfe. Die »Flying Sisters« strahlen beide Männer an. Bis sie die nächsten Worte ihres Vaters vernehmen:

»Morgen früh geht's allerdings weiter mit dem Training. Ihr wißt ja: Wer rastet, der rostet.«

Aber das klingt längst nicht mehr so ernst wie an all' den Tagen zuvor.

Am Abend findet Niko ein kleines Bild auf der Treppe, die zu seinem Wohnungen führt. Ein selbstgemaltes Bild, auf dem ein Strauß aus Feldblumen zu erkennen ist. Erfreut greift Niko nach dem Bild. Er hält es, um es besser betrachten zu können, unter die Eingangslampe. Er nickt zufrieden, und er schläft sehr gut in dieser ersten Nacht in Buchenheim.

Hochseilartisten
Von der »Luftgymnastik« bis zum vierfachen Salto

Die Trapezkünstler kommen einem uralten Traum des Menschen am nächsten, sie fliegen – wenn auch nur für Momente. Für sie scheint das Gesetz der Schwerelosigkeit zu gelten, wenn sie sich von ihrem Trapez lösen, zum Salto mortale ansetzen – und schließlich in den Armen ihres Fängers landen. Jenes Menschen, der in schwindelnder Höhe pendelnd, dem Flug durch den Raum mit einem beherzten Zugriff zum krönenden Abschluß verhilft. So zumindest ist die Hoffnung aller Beteiligten von Mal zu Mal.

Am 12. November 1859 experimentierte im Pariser Cirque Napoléon ein Herr namens Léotard erstmals öffentlich an drei Trapezen. Er wippte und sprang von einem zum anderen. Mehr nicht. An einen Salto etwa dachte noch keiner. Und doch: Was dieser Léotard da zeigte, wurde als Sensation empfunden, wenn auch von einigen Kritikern etwas abschätzig als »Luftgymnastik« bezeich-

»Die Drei Codonas«, berühmte Trapezkünstler Ende der 20er / Anfang der 30er Jahre.

The Flying Vegas beim dreifachen Salto, Zirkus Krone

net. Die Zirkusbesucher jedenfalls spürten wohl, daß sie die Geburtsstunde einer neuen zirzensischen Disziplin miterlebt hatten. Der fliegende Mensch war nicht länger Wunschtraum. Léotard nahm in sein Repertoire schon bald den einfachen Salto auf und fand eine Vielzahl von Kollegen, die ihn zu übertreffen versuchten. Mit dem zweifachen Salto beispielsweise. Wer ihn als erster zeig-

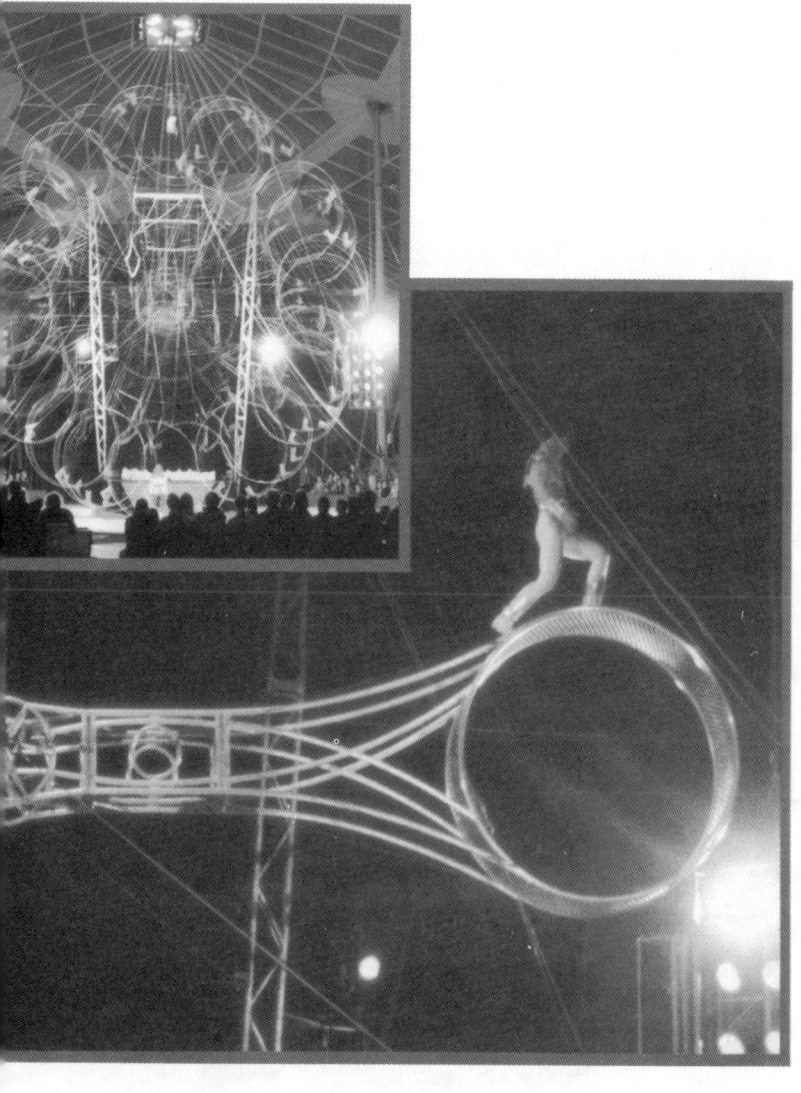

te, darüber ist man sich nicht einig: War es ein Artist
namens Niblo oder Edmond Rainat, der den zweifachen
Salto um 1900 erstmals mit Erfolg dem staunenden Zirkuspublikum vorführte? Die Australierin Lena Jordan
soll 1898 sogar den dreifachen Salto unter der Zirkuskuppel gezeigt haben. Verbürgt ist auch, daß dem
Gespann Ernest (als Flieger) und Charles Clarke (als
Fänger) der dreifache Salto 1909 im Publiones-Zirkus auf

Unten rechts: Akrobatik am Schleuder-
brett. Die Balkanski-Truppe, Zirkus
Krone, während einer Vorstellung.

Kuba gelang. Die ersten Trapez-»Könige« waren indes »Die Drei Codonas«, die es Ende der zwanziger / Anfang der dreißiger Jahre zu legendärem Ruhm brachten.
Ob Doppelsalto auf einer Stelze, ob rotierendes Riesenrad dicht unter der Zirkuskuppel, ob »Russische Schaukel« oder menschliche Pyramide (bei der die Artisten mit Hilfe eines Schleuderbretts auf die Schultern ihrer Mitakteure katapultiert werden) – die Suche des Menschen nach den eigenen Grenzen geht bis heute weiter. Sie führte schließlich auch dazu, den vierfachen Salto ins Programm zu nehmen. Im Dezember 1989 war in der

Unten: Perche – eine ganz selten gewor-
dene Sparte der Artistik, zu der enorme
Kraft, sichere Balance-Technik und Mut
gehören. Die Nanovi-Truppe, Zirkus
Krone, zeigt hier ihr Können.

Presse zu lesen: »Mit einer Weltsensation wird Zirkus Krone am ersten Weihnachtsfeiertag die Winterspielzeit in München eröffnen: Der 24jährige Mexikaner Miquel Vazquez gibt mit dem vierfachen Salto mortale sein Europa-Debüt. Erstmals gezeigt wurde diese Nummer von dem Mexikaner vor zwei Jahren in einem amerikanischen Zirkus...« Wenn mit einer Geschwindigkeit von rund 120 Kilometern pro Stunde ein Flieger beim vierfachen Salto auf die Arme des Fängers trifft, dann helfen nicht nur Netz, Kraft und gute Nerven allein: dann ist auch Beten angebracht.

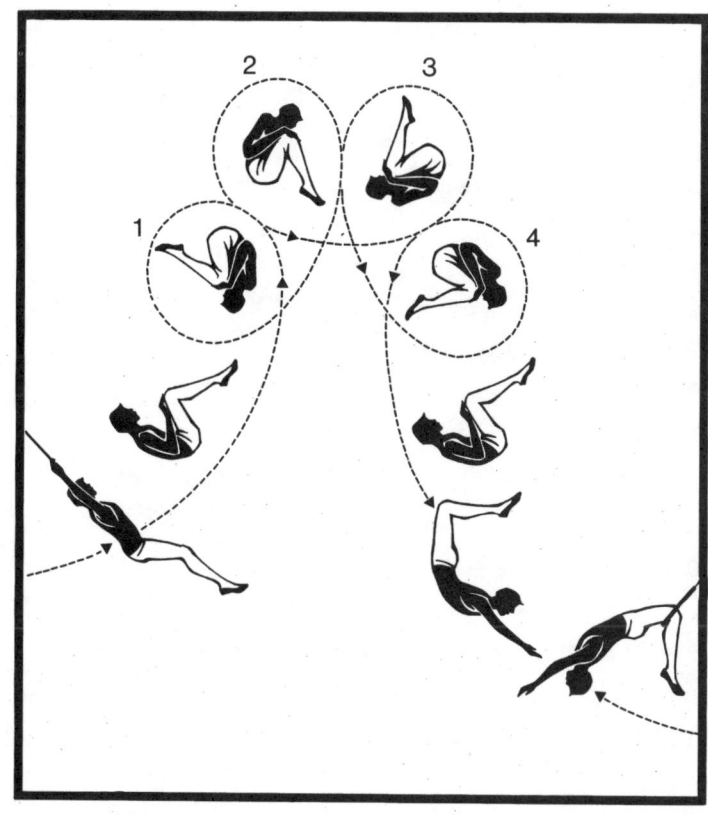

Die Kunst der »menschlichen Pyramiden« gehört zu den traditionellen Zirkuskünsten und wird in immer neuen Ausführungen gezeigt.

Die Bewegungsabfolge beim vierfachen »Todessalto« wird in obiger Zeichnung veranschaulicht:

Sogleich nachdem der »Flieger« sein Trapez verlassen hat, zieht er die Knie an den Körper, um den Luftwiderstand zu verringern und damit den Flug zu beschleunigen; im Aufwärtsflug dreht er schon die beiden ersten Rückwärts-Salti.

Dann, nach den beiden nächsten Rückwärts-Salti im Abschwung, beginnt der Flieger den Körper wieder zu strecken, um den Luftwiderstand zu erhöhen und damit seinen Flug zu verlangsamen.

Zeitvertreib

Hallo, ich bin Jan. Jan, der Zauberer. Auf diesem Foto siehst du mich mit Otero, Niko und Sabrina. Links neben mir steht Otero. Ein wahres Kraftpaket. Er kann fast alles auf seinem Kinn balancieren. Verflixt schwierig, aber er schafft das. Zugegeben, ich bewundere ihn wegen seiner Kraft und Geschicklichkeit.

Neben Otero steht die gertenschlanke Sabrina, die Frau mit den Gummigelenken. Sie ist unglaublich biegsam. Na ja, Niko, unseren Clown, kennst du ja schon.

Das Foto hat eine zufriedene Urlauberin auf dem Flughafen von München geschossen. Ein kleines Dankeschön, das die Frau uns später zugeschickt hat.

Aber nun mal der Reihe nach. Es fängt damit an, daß unser Chef uns zu sich ruft. Als ihn ein Anruf vom Flughafen erreicht, bittet Zirkusdirektor Hansi Kuhle um etwas Zeit zum Überlegen. Nach einer guten halben Stunde läßt er sich wieder mit dem Anrufer verbinden.

»Einverstanden«, sagt er. »Wir sind halt unentbehrlich, wenn es darum geht, für gute Stimmung zu sorgen. Wir sind einverstanden und kommen.«

»Es geht um einen Sonderauftrag auf dem Flugplatz«, erklärt er uns geheimnisvoll. »Vielleicht können wir uns dort ein wenig nützlich machen. Selbstverständlich nur gegen ein fürstliches Honorar.«

Während unserer Winterpause, die wir mit dem Zirkus in jedem Jahr in der Nähe von München verbringen, ist jede Abwechslung willkommen. Einige von uns machen Urlaub, manche fahren nach Hause. Wichtig ist, daß genug Leute im Winterquartier zurückbleiben, die Stammbelegschaft, denn Arbeit gibt es hier genug. Die Tiere sind zu versorgen. Reparaturen werden fällig. Natürlich werden schon neue Programmteile ausprobiert. Schließlich muß auch der größte Teil der Reiseroute für die neue Saison festgelegt werden.

Und dann bekommen wir plötzlich die Chance, mitten in der Winterpause eine richtige kleine Vorstellung zu geben. Klar, daß wir mitmachen.

Mit unseren Kostümen treffen wir im weitläufigen Flughafengebäude ein. Eine bunte, zusammengewürfelte Mannschaft. Sabrina, Otero, Niko, der Zirkusdirektor und ich. Nur die wichtigsten Requisiten haben wir mitgebracht. Alle Dinge, die wir unbedingt für eine Vorstellung brauchen. Am schwierigsten war es, Oteros zehn Holzstühle herzuschleppen. Und dann war da noch die Sache mit dem Ferkel …

Normalerweise ist ein Flughafen ein Ort der Freude. Für mich jedenfalls. Elegant gekleidete Menschen, wildfremde Gesichter, helle und dunkle, Urlaubsträume, aufregende Durchsagen, glänzende, glatte Marmorböden, gelassene Hektik, überall hübsche Stewardessen …

Aber diesmal ist alles ganz anders. Als wir ankommen, sehen die Leute ziemlich mürrisch aus. Mürrisch, müde und genervt. Weil alle Bänke besetzt sind, hocken viele auf ihrem Gepäck oder auf dem Boden. Die Schalter der Fluglinien sind geschlossen. Ein paar Leute in Uniform sitzen dort untätig herum. Nichts geht mehr.

Natürlich hat uns der Zirkusdirektor aufgeklärt. Seit den Morgenstunden bleiben alle Flieger am Boden. Es wird gestreikt. Das Flugpersonal will endlich eine Verbesserung der Sicherheitsmaßnahmen an einigen Flughafen Europas erzwingen. Nun bewegt sich absolut nichts mehr. Ungeduldig warten die Passagiere auf das Ende des Streiks. Aber das könnte frühestens in drei Stunden eintreten. Frühestens. Der Streik kann aber auch noch zehn Stunden dauern. Wir sollen den Menschen die Wartezeit verkürzen, wir sollen sie aufheitern. Das ist unser Auftrag.

»Ihr habt hier ein dankbares Publikum«, sagt unser Chef, der ungewöhnlich aufgeregt ist. »Also gebt euer Bestes. Toi, Toi, toi.«

»Das tun wir doch immer«, stellt Niko fest.

Okay, wir sollen hier auf freundliche Weise die Langeweile vertreiben. Das schaffen wir.

Zuerst tritt Niko auf. Mit seinen großen Clownsschuhen tänzelt er auf die wartenden Menschen zu, auch auf diejenigen, die eingenickt sind. Er berührt sie mit seinem Dirigentenstab, aus dem plötzlich bunte Bänder herausquellen. Den Kindern malt er ein rotes Herz auf Nase oder Wange.

»Jetzt laßt ihr euren Zorn davonfliegen«, sagt er. »Paßt auf, gleich ist er weg.«

Niko spielt den Menschen vor, wie ihr Ärger zusammen mit einem schwarzen Ball in die Luft fliegt. Im nächsten Moment ist auch der Ball verschwunden. »Seht ihr? So kann es gehen!«

Alle Passagiere sind nun auf ihn aufmerksam geworden. Überraschung und Neugier sind auf ihren Gesichtern zu erkennen. Nun haben wir sie schon ein bißchen für uns gewonnen. Niko schwingt sich auf sein giftgrünes Einrad und rast durch die Halle. Millimetergenau stoppt er vor den Menschen ab. Es quietscht richtig schön, und seine Pappnase kommt den Menschen sehr nahe. Niko lacht aus vollem Hals, erst glucksend und dann mit ganz hoher Stimme, und plötzlich spritzt eine Wasserfontäne aus seinen Ohren. Er hat die Lacher auf seiner Seite.

Danach kommt Sabrina zu ihrem Auftritt. Zirkusdirektor Kuhle sagt sie an. Sabrina, klein und irgendwie zerbrechlich, hat einen dunkelblauen Teppich auf dem glatten Boden ausgebreitet. Sie verschlingt Arme und Beine, rollt vorwärts und rückwärts über den Teppich und balanciert währendessen einige Teller. Auf jeder Handfläche trägt sie einen Stapel Teller. Was sie auch anstellt mit ihrem Körper, kein Teller gleitet ihr aus den Händen. Es würde fürchterlich scheppern, sollte auch nur einer von ihnen herunterfallen.

Dann stellt sich Sabrina mit einem Bein auf die Zehenspitzen, streckt das andere Bein und ihre Arme nach oben und dreht sich in einer schnellen Pirouette, während bunte Flatterbänder ihre Drehung begleiten. Den Leuten könnte es vom Zuschauen schwindelig werden, so schnell dreht sie sich. Und plötzlich leuchten kleine Lämpchen an ihrem Körper auf. Niemand hat gesehen, woher sie kommen.

Das ist Sabrinas Geheimnis. Die Zuschauer sind begeistert. Sie klatschen und trampeln mit den Füßen.

Sabrinas Teppich bleibt für mich liegen. Als ich mit meinen Zauberkunststücken beginne, sieht kein Mensch mehr auf die Anzeigetafeln des Flughafens, auf der zu lesen ist, daß für heute wahrscheinlich alle Flüge ausfallen.

Natürlich kann ich nur eine kleine Auswahl aus meinem Programm vorführen. Eine Viertelstunde lang Zaubertricks und Kartentricks. Danach gelingt es mir, zwei Tauben aus meinem Zylinder hervorzuholen. Auf demselben Weg lasse ich sie wieder verschwinden. Selbstverständlich gebe auch ich mein Bestes, um die Gesichter der Menschen fröhlich zu stimmen. Oh ja, das gelingt. Obwohl es mich etwas wurmt, daß Sabrina mehr Beifall bekommen hat.

Bevor Otero auftritt, mischt sich unser Clown noch einmal ein. Niko versucht, ein großes Sparschwein mit einem Gummihammer zu zerschlagen. Klar, daß er sich sehr ungeschickt anstellt. Er nimmt einen großen Anlauf und schlägt fürchterlich zu – aber er trifft nicht, weil das Sparschwein immer wieder ausweicht. Am Ende gelingt es ihm doch noch, dann nämlich, als er ganz vorsichtig mit einem Finger daran klopft. Es fällt auseinander. Mit einem Mal kommt ein lebendiges Ferkel heraus. Es läuft quietschend durch die Halle und wird vom Zirkusdirektor eingefangen.

Danach stellt sich Otero in die Mitte der Halle, die inzwischen restlos mit Zuschauern gefüllt ist. Die Leute, die ganz hinten stehen, recken die Hälse, damit sie alles mitbekommen. Den meisten ist es ganz schön heiß geworden.

Ich reiche Otero einen Stuhl nach dem anderen und er stellt sie nach und nach auf sein Kinn. Das heißt, er muß sie ineinander verschachteln, damit sie nicht herunterpurzeln. Mit ungläubigem Staunen sehen die Leute zu. Erst beim zehnten Stuhl macht Otero Schluß. Irgendwie hat er es geschafft, alle Stühle auf sein Kinn zu plazieren. Mit der schweren Last geht er vorsichtig eine Runde durch die Halle. Die Zuschauer weichen zurück und klatschen voll Bewunderung in die Hände.

»Bravo! Wunderbar!« ruft jemand.

Zum Schluß müssen wir noch eine Zugabe geben. Die übernehmen Sabrina und Niko. Und dann tickert es auf den Anzeigetafeln. Die Buchstaben und Zahlen geraten in Bewegung. Städtenamen und Uhrzeiten tauchen auf. Geschafft! Die ersten Flüge werden angezeigt. Es geht weiter! Oh ja, die Wartezeit verging wie im Fluge.

Für einige Passagiere müssen wir uns noch schnell für ein Gruppenfoto aufstellen.

»Schade«, sagt ein Mann neben mir, der einen schwarzen Aktenkoffer in der Hand hält. »Ich hätte euch gern noch länger zugeschaut.«

Jonglieren
oder die Welt auf den Kopf stellen

Die allerwenigsten haben ihn (noch) in Aktion gesehen, waren Zeuge eines Phänomens der Jonglier-, der Geschicklichkeitskunst. Die Rede ist von Enrico Rastelli, 1896 in Samara an der Wolga geboren und im Alter von nur 35 Jahren in Bergamo gestorben.

Enrico Rastelli, mit sieben Fußbällen jonglierend. Auch als schon international anerkannter Star hat Rastelli täglich 5–6 Stunden geprobt.

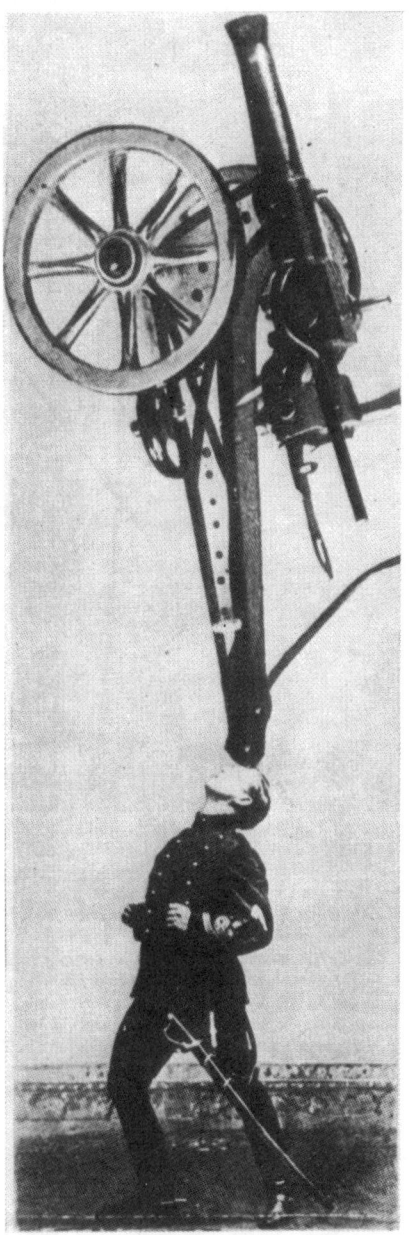

Paul Conchas

Was war das Besondere an diesem Rastelli, der mit seinen Kunststücken Naturgesetze außer Kraft zu setzen schien? Er verfügte beim Umgang mit Stäben, Platten, Gummibällen über ein traumhaft sicheres Gefühl. Weltbekannt wurde jene Darbietung, bei der er auf einem Medizinball balancierte und mit sechs Fußbällen gleichzeitig jonglierte: zwei auf den Zeigefingern, einen im Nacken und drei auf den Füßen.

Rastellis große Vorbilder waren die beiden Japaner Takashima und Awata. Wer die Geschichte der Jongleure bis in die Anfangszeiten zurückverfolgt, der kann Erstaunli-

Salerno, um 1910

ches entdecken. Da muß es wohl bereits um 1900 *vor* Christus im alten Ägypten die ersten Anhänger dieser Kunst der ruhigen Hand und des genauen Auges gegeben haben.

Welchen besonderen gesellschaftlichen Stellenwert das Jonglieren im mitteleuropäischen Raum bekam, zeigt eine Entscheidung, die die Stadtoberen von Nürnberg im Jahre 1680 trafen: Sie betrauten einen Meister seines

Fachs mit der Aufgabe, die Jugend der Stadt in dieser besonderen Kunst zu unterrichten. Ein vom Staat angestellter Jongleur also.

Doch wie hat sich die Jonglierkunst weiterentwickelt? Immer ausgefallener und waghalsiger wurden die Darbietungen. Jonglieren zu Pferde, auf dem Seile oder auf Leitern kam ebenso hinzu, wie die auf dünnen Bambusstöckchen tanzenden Teller oder die sogenannten Kraftnummern. Da gab es um 1890 eine Attraktion, die der Berliner Paul Conchas vorführte. Er fing nicht nur durch die Luft wirbelnde Kanonenkugeln mit dem Genick auf, er balancierte zudem auch noch eine komplette Kanone samt Fahrgestell auf der Stirn.

Kara, Salerno, Adamos – die Liste der mit phantasievollen Namen ausgestatteten Spitzen-Akteure ließe sich noch erheblich erweitern. »Rekorde« wären zu nennen. Anfang dieses Jahrhunderts jonglierte der Franzose Pierre Amoros mit neun kleinen Bällen gleichzeitig. Der Tscheche Jack Bremlov brachte es in den 70er Jahren auf sieben Keulen, und der Russe Sergej Ignatov brillierte 1973 erstmals mit einer Nummer, bei der elf Reifen gleichzeitig durch die Luft wirbelten.

Felix Adanos

Zwei Seiten für die Schülerzeitung

Kurz vor dem Eingangstor, das durch ein Holzgitter versperrt ist, befällt sie Unsicherheit. Sarah und Michael verlangsamen ihre Schritte. Die beiden Kassenhäuschen sind noch geschlossen. Kein Wunder, es ist Mittagszeit.

»Was hatten wir eigentlich ausgemacht?« will Sarah wissen.

»Wir?« fragt Michael zurück. »Ich denke, du hast alles abgeklärt«.

»Kann sein, daß ich total verschwitzt hab, ihn zu fragen, wo wir ihn eigentlich treffen.«

Sie bleiben unschlüssig stehen. Vor ihnen liegt die kleine Zirkusstadt, eine Wagenburg, gebildet von einem Ring blauweiß gestrichener Zirkuswagen, zwischen denen kleine Holzzäune stehen. Einige Kinder schleichen neugierig an den Zäunen entlang. Nirgendwo ist eine Lücke in der Wagenburg zu entdecken.

»Sieh mal!«

Sarah deutet zögernd auf einen der Wagen. Ein Mann hat seinen Kopf zum Fenster hinausgestreckt. Er hält seine Riesenschuhe hoch und gibt ihnen ein Zeichen, am Eingang auf ihn zu warten.

»Das kann nur er sein. Niko, der alte Clown!«

Ob er privat auch so lustig ist wie in der Arena. Wie alt er nun wirklich ist. Ob er sich seine Rollen selbst ausdenkt. Wieviel Zeit er jedesmal fürs Schminken braucht. Welches sein lustigstes oder traurigstes Erlebnis war. Das und einiges mehr wollen Sarah und Michael für die nächste Ausgabe der Schülerzeitschrift »Echolot« herausfinden.

Niko taucht ohne seine bekannte Clownsmaske auf. Ein freundlich lächelnder älterer Mann, der ihnen lange die Hände schüttelt.

»Selbstverständlich hab ich euch gleich erkannt«, sagt er und deutet auf den Fotoapparat, den Sarah in der Hand hält.

Durch eine unverschlossene Seitentür neben dem großen Eingangstor gelangen sie in ein langgezogenes orangefarbenes Zelt, das direkt zu der Zirkusarena führt. Linkerhand erkennen sie den Buffetwagen, der, wie Niko erklärt, für die Besucher Getränke, heiße Würstchen und eine Menge Süßigkeiten bereithält. Aber auch er ist noch geschlossen.

»Na, wo wollen wir beginnen?« fragt Niko, der vorangegangen ist.
Er dreht sich herum und breitet lächelnd die Arme aus, als Sarah ein schnelles Foto mit Blitzlicht schießt.

»Nur so zur Probe«, erklärt sie, und Niko ist ganz gelassen und stellt sich zwischendurch immer mal so auf, daß er ein gutes Fotoobjekt abgibt.

Sarah und Michael möchten gern dabei sein, wenn Niko sich für die Nachmittagsveranstaltung zurechtmacht.

»Kein Problem. Vorher mache ich euch mit einigen unserer Tiere bekannt.«

Und so ziehen sie zunächst zu den Tierwagen, zu den Stallzelten, die mit Boxen, Futterkrippen und Stroh ausgestattet sind. Niko stellt ihnen alle Elefanten, Löwen, Tiger, Dromedare, Pferde und Zebras mit ihren Namen vor. Die Tiere wirken sehr gelassen, möglicherweise sogar richtig zufrieden. Sarah fragt den Clown danach.

»Gelassen? Zufrieden? Außerhalb der Vorstellungen empfinden die Tiere sowas wie Langeweile«, mein Niko.
Unterwegs treffen sie auf allerlei Zirkusleute. Uniformierte, kostümierte Menschen, die ihnen freundlich zunicken. Die meisten treffen bereits Vorbereitungen für die nächste Vorstellung. Von einer gemütlichen Mittagspause kann jedenfalls keine Rede sein.

Bloß nichts vergessen! Michael macht sich ständig Notizen. Sarah muß einen zweiten Film einlegen, weil sie schon so viele Fotos geschossen hat. Der Rundgang dauert bereits länger als eine Stunde.

»Fehlt noch was?« fragt Niko.

»Die Affen!«

»Genau. Die hätte ich bestimmt nicht vergessen.«

Dann stehen sie vor den beiden Wagen, in dem die zahlreichen Affen zuhause sind. Kapuzineraffen, Meerkatzen und Totenkopfäffchen. Sie hocken auf mehreren armdicken Ästen. Niko gibt bekannt, daß sie überaus empfindlich sind. Bei Wind und Kälte können sie schnell krank werden. Deshalb sind die Affenwagen besonders gut isoliert.

Weil keine Zuschauer da sind, beschäftigen sich die Affen mit sich selbst. Einer von ihnen spielt einen Dirigenten, die anderen öffnen rhythmisch ihre Mäuler und klatschen in die Hände. An der Kopfseite des Wagen öffnet Niko eine Klappe oberhalb einer Tür. Im Nu erscheint Jackie und schaut nach draußen.

»Komm mal her, meine Freundin«, sagt der Clown. »Bitte, begrüß' unsere Gäste.«

Jackie springt auf seinen ausgestreckten Arm und klettert dann auf Nikos Schulter. Vorsichtig umklammert das Tier den Hals des Mannes und klettert dann wieder auf seinen ausgestreckten Arm.

»Na, wie wär's?« fragt er Sarah, die das kleine, flinke Tier ein wenig mißtrauisch beobachtet. »Man kann ihr sogar richtig die Hand schütteln.«

»Ich weiß nicht ...«

»Sie ist ganz zahm.«

Sarah streckt nun auch einen Arm aus, und schon sitzt Jackie darauf und klettert an ihr hoch. Das Mädchen weicht ein wenig zurück.

Blitzschnell faßt Jackie zu, zieht Sarah den Trageriemen der Kamera von der Schulter und verschwindet mit dem Apparat in den Wagen.

»He, das geht zu weit! Her damit!«

Alle sind ziemlich erschrocken. Michael rennt zu der anderen Seite des Wagens, wo er durch eine Glasscheibe ins Wageninnere schauen kann. Jackie und ihre Affenfreunde betrachten ganz vergnügt das neue Spielzeug. Niko stößt ein paar Lockrufe aus, aber damit erreicht er nichts. Jackie und der Fotoapparat bleiben außer Reichweite.

»Wartet, ich bin gleich wieder da.«

Niko ist schon hinter dem nächsten Wagen verschwunden. Ratlos hebt Michael seine Arme. Ein schadenfrohes Grinsen kann er sich nicht ganz verkneifen.

»Verdammter Mist!« flucht Sarah vor sich hin. »Falls der blöde Affe das Ding aufkriegt, sind alle Fotos total im Eimer.«

»Affengeil! An meinen Aufzeichnungen war die Dame jedenfalls nicht interessiert«, stellt Michael lachend fest.

»Blödmann! Dämlicher Affe!«

»Eine Fotojournalistin ohne ihr Handwerkszeug«, stichelt Michael weiter. »Man müßte jetzt ein Foto von dir machen. Du gibst ein super-schönes Bild ab.«

Sarah ist restlos sauer. Ungeduldig hält sie nach Niko Ausschau. Sie droht den Affen mit einer geballten Faust und klopft gegen die Glas-scheibe. Aber drinnen tut sich nichts. Die Affen sehen sie nicht ein-mal an.

Als Niko wieder erscheint, hat er vier gelbe Äpfel in seinen Händen. Er wirft sie in die Luft und jongliert damit.

»Ein kleiner Köder. Vielleicht gelingt's.«

Er öffnet wieder die Klappe und läßt seine Lockrufe hören. Aber dies-mal nähern sich die anderen Affen. Zwei sind besonders mutig. Ver-mutlich erwarten auch sie ein ungewöhnliches Spielzeug. Niko hält jedem einen Apfel hin. Sie greifen schnell zu und verschwinden damit. Dann nähert sich auch Jackie. Sie tut das ganz vorsichtig. Den Tragriemen von dem Apparat hat sie sich um den Hals gelegt. Jackie ergreift den Apparat und hält ihn so vor ihr Gesicht, als wollte sie ein richtiges Foto machen. Wahrscheinlich hat sie das von den Besu-chern gelernt.

»So ist es recht. Sei brav und komm mal her«, ermahnt Niko sie und hält ihr auch einen Apfel hin.

Als Jackie zufassen will, ergreift Niko sie, drückt sie an sich und kann ihr den Fotoapparat entwinden. Die Affenfrau stößt spitze Schreie aus, läßt den Apfel aber nicht fallen und verschwindet damit auf ihrem Ast in der hintersten Ecke des Wagens.

»Gott sei Dank, nichts weiter passiert!«

»Jetzt hab' ich wenigstens eine gute Geschichte für unsere Schülerzeitung. Damit krieg' ich die zwei Seiten bestimmt voll«, stellt Michael freudestrahlend fest, und damit machen sich die drei auf den Weg zum Wohnwagen des Clowns.

»Schade nur, daß ich das Ganze nicht im Bild festhalten konnte«, meint Michael.

Sarah rammt ihm einen Ellenbogen in die Rippen.

»Scheusal!«

»Oh, es wird höchste Zeit«, stellt Niko mit einem Blick auf seine Uhr fest. »Höchste Zeit, sich für die nächste Vorstellung umzuziehen.«

Die Zauberer –
Mit Hokuspokus ab ins Reich der Illusion

Früher waren es unglaublich erscheinende Attraktionen wie etwa »die zersägte Jungfrau«, »der indische Seiltrick« oder gar die »Dame ohne Unterleib«. Mit ihnen versetzten Zauberer, Illusionisten Scharen von Zuschauern auf Jahrmärkten in ehrfurchtsvolles Staunen. Heute zeigen sich Beobachter zwar gelegentlich auch noch von jenen Darbietungen aus Urgroßmutters Zeiten beeindruckt, die wahren Überraschungen jedoch sehen anders aus. Da zaubern beispielsweise die beiden in Amerika lebenden Deutschen Siegfried (Fischbacher) und Roy (Uwe Horn) aus einem besonders großen Zylinder kein Kaninchen, sondern eine fauchende Wildkatze; der Illusionist David

Die schwebende Jungfrau: Gleich ist es soweit! Les Carlos Magic Show, Zirkus Busch-Roland

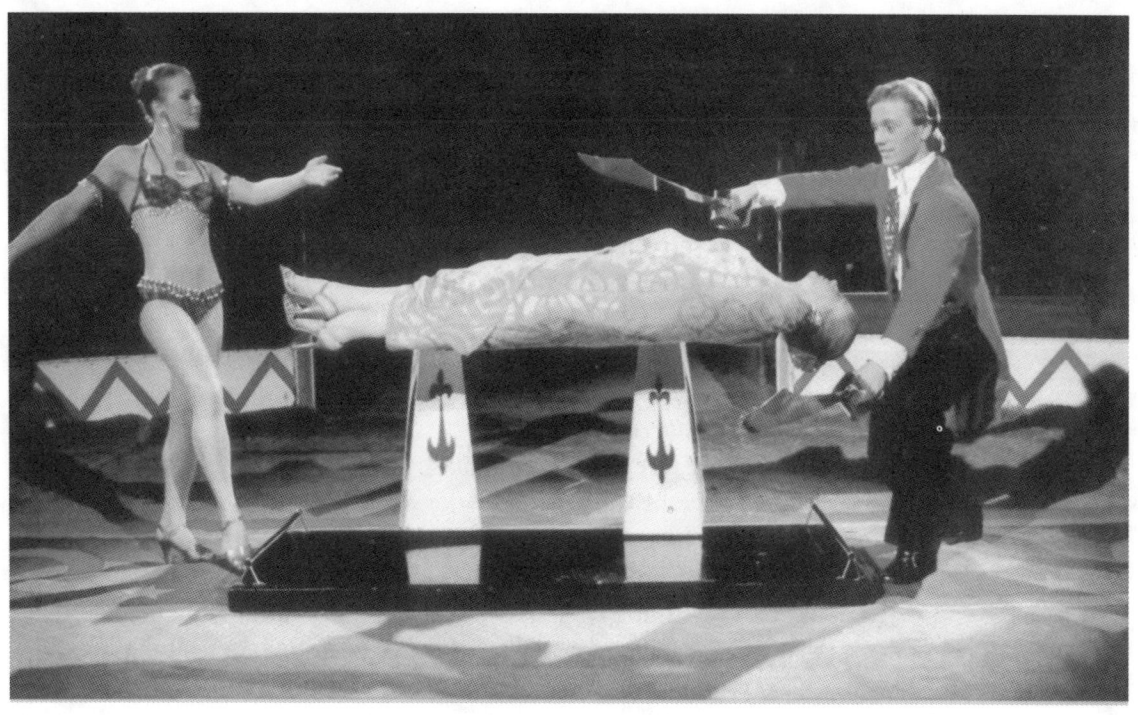

So funktioniert der Trick mit der »zersägten Jungfrau«: nicht eine, sondern zwei Frauen sind im Zauberkasten versteckt. Und wenn die angeblich in der Mitte durchgesägte Frau noch Kopf und Füße bewegen kann, so geht das durchaus mit rechten Dingen zu!

Copperfield läßt gleich ein ganzes Düsenflugzeug samt Besatzung von der Bildfläche oder gar Amerikas Wahrzeichen Nr. 1, die 92 Meter hohe Freiheitsstatue, mir nichts, dir nichts für ein paar Minuten »verschwinden«.

Damals wie heute entscheidend: Der Zuschauer muß bereit sein, sich verzaubern zu lassen. Wer nach den allerersten Illusionisten fragt, die die Kunst des Täuschens, des Verwischens der Grenzen zwischen Schein und Sein, perfekt beherrschten, der muß zurückgehen bis in die Zeit des ägyptischen Pharaos Cheops (um 2500 vor Christus). Damals hat ein Magier mit Namen Dedi gelebt, dem es mit Hilfe eines Zauberspruchs gelungen sein soll, abgetrennte Tierköpfe wieder auf den Rumpf zu pflanzen. Dedi lehnte es allerdings ab, diese Kunst auch an Menschen zu erproben.

Der Zauberspruch, der dies alles bewirkt haben soll, ist nicht überliefert. »Hokus pokus« allerdings dürfte er nicht gelautet haben. Denn dieser Begriff tauchte erstmals 1625 in dem von Ben Jonson herausgegebenen Buch »Staple of News« auf.

Was alles können Zauberer tatsächlich bewirken? Der Franzose Robert Houdin soll im vorigen Jahrhundert durch seine Kunst sogar einen in Nordafrika drohenden Krieg verhindert haben. Er reiste als französischer Abgesandter nach Algerien und traf dort auf eine Gruppe einheimischer Zauberer, die ungebrochene Macht über zahlreiche rebellische Stämme ausübten. Im Duell mit diesen arabischen Täuschungskünstlern siegte Houdin, brach den Einfluß der Zauber-Matadore und verhinderte einen Aufstand gegen die französischen Kolonialherren.

Harry Houdini (alias Erich Weiss) galt Anfang dieses Jahrhunderts als »der Welt größter Entfesselungskünstler«. Er war es auch, der 1918 im New Yorker Hippodrom allabendlich einen lebenden Elefanten von der Bühne wegzauberte. »Belloni«, so der Künstlername des Deutschen Carl Giesecke, ließ zu jener Zeit ein lebendes Pferd samt Kutscher »verschwinden«.

Die berühmten Illusionisten Siegfried & Roy

Weitere berühmte Zaubermeister waren: Horace Goldin, der erstmals den Trick mit der angeblich zersägten Jungfrau vorführte; Rubini, der schon vor über 100 Jahren einen »Enthauptungstrick« vorführte, mit dem auch Bellanchini, der eigentlich Theodor von Schledorn hieß und der Hofzauberer Wilhelms I. war, auftrat. Zu nennen wäre auch »Marvelli«, der von Auftrittsstätte zu Auftrittsstätte jeweils »einen Elefanten samt Wärter« suchte, um beide allabendlich vor den Augen der Zuschauer hinwegzuzaubern. Oder der Italiener Bartolomeo Bosco, ein Meister des Becherspiels, der Österreicher Johann Nepomuk Hofzinser, der als »Wiener Salonzauberer« bekannt wurde. Die Magier-Riege reicht von »Graf Cagliostro« über Alexander Adrion, der als »der Philosoph unter den Zauberern« gilt, bis hin zum Österreicher Christian Stelzel, der Anfang der 80er Jahre zum »Weltmeister der Manipulation« gekürt wurde.

Sie und zahllose andere Zauberer in aller Welt zeigen, was es auch heute noch an (zunächst) rätselhaft Erscheinendem in unserem Alltag alles gibt. Doch den Blick hinter die Kulissen, die Entzauberung eines Tricks lassen sie nur ungern zu. Denn unter Zauberern ist es Ehrensache, daß Kunststücke nur an Zauberlehrlinge, nicht aber an Außenstehende weitergegeben werden.

Wen die Neugier jedoch gepackt haben sollte, der kann sich beispielsweise in Appenzell (Schweiz), in »Retonios Mechanischem Musik- und Zaubermuseum« etwas näher an die Materie herantasten. Oder mit Spezialwerken wie etwa dem »Handbuch der Magie« sein Glück versuchen. Und falls ein Trick tatsächlich funktionieren sollte, dann bitte nicht gleich verzagen, wenn trotz »Hokus pokus« oder »Abrakadabra« die kleine Schwester verschwunden bleibt.

★

Berühmte Unternehmen

Zirkus Krone
In Europa die Nr. 1

Der Größte zu sein oder zumindest einmal zu werden – das ist der Traum vieler. Warum sollte das im Zirkus anders sein? Für manchen ist der Weg dahin mit vielen guten Vorsätzen gepflastert, für manchen aber auch mit Hindernissen ohne Zahl. Wenn der in München beheimatete Zirkus Krone heute für sich in Anspruch nimmt, der größte Zirkus Europas zu sein, dann hat dies eine lange Vorgeschichte.

Und die begann exakt am 21. Oktober 1870, als in einem kleinen Wohnwagen, abgestellt auf dem Güterbahnhof von Osnabrück, ein Knabe namens Carl Krone das Licht der Welt erblickte. Der Junior war da, denn auch der Vater hieß Carl. Der zog mit einer winzigen Menagerie, die den attraktiven Namen »Continental« trug, samt Familie sowie zwei Braunbären und zwei Wölfen von Volksfest zu Volksfest. Und zeigte seine Tiere und seine Kunst. Zwei Groschen betrug der Eintritt, »Kinder und Militärpersonen vom Feldwebel abwärts« zahlten die Hälfte.

War es vielleicht so etwas wie unternehmerische Weitsicht? Auf jeden Fall: Carl Krone senior investierte und expandierte. Schritt für Schritt. Zunächst wurde ein Löwe auf Kredit gekauft und schließlich gar der Wunsch aller Wünsche erfüllt und ein Elefant mit Namen Pluto erworben. Er brachte die wohl entscheidende erste Wende zum Erfolg und ist bis heute Krones Wappentier. Der kleine Carl hatte schon seine ersten Auftritte in der Manege hinter sich und sorgte zusammen mit seinem (später verunglückten) Bruder Fritz in der Lokalpresse für erste Schlagzeilen. »Kinder beherrschen die Bestien der russischen Wälder«, konnte man dort über eine Darbietung lesen, bei der zwei Wölfe und die beiden kleinen Krones die Hauptrollen spielten.

Der Zirkus aus der Vogelperspektive.
Krone-Gastspiel auf dem Hamburger
Heiligengeistfeld

★   ★

Als dann der Elefant Pluto mit zur Zirkusfamilie zählte, brachte dies nicht nur mehr Neugierige, sondern auch Probleme. Pluto beanspruchte Tag für Tag Unmengen von Futter. Mehr noch: Es erwies sich als zu kostspielig, den Urwaldriesen großartig von Gastspielort zu Gastspielort zu transportieren. Dem jungen Carl Krone fiel daher die Aufgabe zu, den Koloß zu Fuß von Ort zu Ort zu führen.

Man kann sich vorstellen, welche Attraktion dies Ende des vorigen Jahrhunderts war, wenn urplötzlich ein Elefant die Dorfstraße entlang kam. Eine bessere Werbung konnte man sich damals für ein angehendes Zirkusunternehmen wohl kaum wünschen. Allerdings hatte dies den Nachteil, daß mancher, der Krone schon wegen des Elefanten Pluto einen Besuch abstatten wollte, nun verzichtete. Er hatte Pluto ja schon in ganzer Leibesfülle auf dem Anmarsch gesehen.

Doch wieder bewiesen die Krones, wie man mit Geschick Probleme lösen kann. Sie erfanden den »Elefanten-Tarnanzug«. Pluto bekam auf den Buckel ein rechteckiges Holzgestell geschnallt, von dem rechts und links riesige Leinwandtücher herabhingen. Vier stämmige Füße, ein Rest Rüssel und zwei Augen waren das einzige, was von Pluto auf seinen Märschen noch zu sehen war. Der große »Rest« konnte während der regulären Vorstellungszeiten in Augenschein genommen werden.

Und das war noch beeindruckend genug. Denn ein Reporter des »Tagesanzeigers der Stadt Anklam« schrieb damals: »... und unserem Rezensenten will es scheinen, hier wird für 20 Pfennig Eintritt zu viel geboten ...«

Diese zwei Groschen Eintrittspreis ließen sich allerdings nicht über ein Jahrhundert retten. Aber wie ging es weiter mit der Menagerie »Continental« und dem sich daraus entwickelnden Zirkus Krone? Quasi über Nacht wurde Carl Krone junior nach dem Tod seines Vaters Chef des damals noch winzigen Unternehmens. Ihm schwebte ein Zirkus mit einer Vielzahl von Tieren und

*Für viele das größte Vergnügen – eine
Zirkusvorstellung als Zuschauer mitzuer-
leben.*

Programm-Nummern vor, einem großen Zelt und einem
festen Gastspiel-Reiseplan.

Ein paar Jahre später war es tatsächlich soweit. Carl
Krone gründete seinen Zirkus Krone. Mittlerweile hatte
er geheiratet und in Ida Ahlers eine Lebensgefährtin
gefunden, durch deren Adern ebenfalls Zirkusblut floß.
Ihr Vater Benoit Ahlers war schon Mitte des vorigen

Jahrhunderts mit einer »renommierten Dressurschau«
durch deutsche Lande gereist.
Die Krones begannen für Sensationen zu sorgen. 1906
schon überraschte Carl Krone mit einer Dressurnummer, bei der erstmals ein zu Pferde reitender Löwe
gezeigt wurde. Ida Krone trat mit Tigern und schließlich
gar mit 24 Berberlöwen auf.

Jahr für Jahr wurden die Darbietungen ausgefeilter, attraktiver, sensationeller. Zur Freude und Unterhaltung der Zirkusbesucher – und ganz im Sinne des von Carl Krone gewählten Leitspruchs, der auch heute noch die Krone im Firmenwappen ziert: »Eure Gunst – unser Streben.«

1913 strömten die Zirkusfans zu Krone, weil dieser wieder einmal etwas Besonders zu bieten hatte: Den Auftritt von 25 echten Indianern. In den 20er Jahren erlebte der Zirkus in diesem Lande einen wahren Boom. Die Programme wurden zum Augenschmaus, der Zirkus zum wesentlichen Bestandteil der Freizeitgestaltung vieler. Denn wer Unterhaltung suchte, hatte nur die Wahl zwischen Kino oder Zirkus.

In welchen Dimensionen sich die Krones mit ihrem Zirkus entwickelt hatten, beweist ein Blick ins Programm des Jahres 1926. Da traten an einem einzigen Abend im Münchner Krone-Bau ein 48er Pferdezug, 24 sibirische Tiger, 20 von Carl Krone höchstselbst vorgeführte Elefanten sowie Artisten aus Japan, China, Ungarn und Arabien auf.

Ein neues Zirkus-Programm war damals wie heute immer gut für ein Tagesgespräch. Nach Ende des Zweiten Weltkriegs war es Frieda Sembach-Krone, die zusammen mit ihrem Mann Carl Sembach die Tradition fortzuführen hatte. 1962 konnten die längst weltberühmten Krones in München wieder ein festes Gebäude beziehen, »Europas modernsten Zirkusbau«, wie Fachleute sich einstimmig dazu äußerten.

Die dummen Gänse

»Gotteslästerliche Gemeinheit, sowas! Eine richtige Schweinerei! Große Katastrophe für meine Arbeit!«

Pit schimpft wie ein Rohrspatz. Er stürmt aus dem Wagen des Zirkusdirektors, dem er gerade sein Unglück geschildert hat. Pit, der russische Gänsedompteur. Sein Gesicht ist ganz grau. Eigentlich heißt er Piotr, aber seitdem er beim Zirkus »Zebra« ist, wird er einfach Pit genannt.

Nach dem Frühstück laufen Reinhild und Renate dem Dompteur direkt in die Arme. Sie sind auf dem Weg zum Schulwagen. Der steht wie immer ganz in der Nähe der Direktions- und Bürowagen.

Obwohl die Zirkuskinder nicht gleichaltrig sind, gehen alle jugendlichen »Zebras« zusammen zum Unterricht.

»Wenn ich den erwische, kann der was erleben! Den Hals werde ich ihm …«, giftet Pit weiter.

Und dann können die »Flying Sisters« die traurige Geschichte, die bereits ihre Runde durch das Zirkusdorf gemacht hat, aus dem Munde des unglücklichen Dompteurs hören.

In aller Hergottsfrühe, kurz nach Sonnenaufgang, wollte Pit seine acht Gänse füttern. Aber es waren nur sechs da. Zwei fehlten. Margot und Luise. Entführt. Geklaut. Vielleicht sogar schon getötet. Es gibt ein Loch im Drahtzaun. Ein Loch, das mit einer Schere hineingeschnitten wurde.

Die »Flying Sisters« sehen sich betroffen an. Sie kennen natürlich Margot und Luise und die anderen sechs Gänse. Außerdem hat Pit noch fünf Enten und zwölf weiße Tauben, denen er ebenfalls kleine Kunststücke beigebracht hat.

»Können die beiden Tiere nicht einfach ausgebüxt sein?« fragt Reinhild ganz zaghaft.

Pit schüttelt seinen schmalen Kopf.

»Was sagt denn der Direktor dazu?« will Renate wissen.

»Direktorchen? Ein ziemlich böses Gesicht hat er gemacht. Keine guten Aussichten für die Gänse, hat er gesagt. Drei Wochen vor Weihnachten sieht das gar nicht gut aus. Da hat sich wohl jemand einen knusprigen Weihnachtsbraten besorgt, sagte er. Grausame Worte! Menschenskinder, muß man sich mal vorstellen: Ende von Margot und Luise als Weihnachtsbraten! Und was wird aus meinem Programm? Ruiniert! Ich bin für mein Leben ruiniert!«

Reinhild und Renate, die beide ihre Schulsachen unter den Arm geklemmt haben, wechseln von einem Bein aufs andere. Die meisten Kinder sind schon an ihnen vorbeigeeilt. Lisa, Harry, Björn und Heinrich junior. Eigentlich müßten sie jetzt auch weiter. Aber sie wollen Pit jetzt nicht allein lassen, allein mit seinem Schmerz.

»Ganz einfach, wir müssen sofort eine Großfahndung auslösen«, erklärt Renate entschlossen. »Die Gänse stecken bestimmt noch nicht in einem Kochtopf.«

»Jede Wette! Sie leben noch«, ergänzt Reinhild. »Immerhin sind es ja noch drei Wochen bis Weihnachten.«

Auf der Stelle beschließen die »Flying Sisters« eine gründliche Suche nach den beiden vermißten Gänsen. Pit ist sofort einverstanden. Gleich nach dem Unterricht soll es losgehen. Zu Beginn der Aktion sollen die Leute in der Nachbarschaft befragt werden. Vielleicht hat jemand etwas Verdächtiges beobachtet.

»Bis nachher!« rufen Reinhild und Renate und rennen los, damit sie nicht zu spät in ihr Klassenzimmer auf Rädern kommen. Lehrer Martin ist überaus streng, wenn es um die Pünktlichkeit geht.

104

»Puh, gerade noch geschafft!«

Die Zwillinge sitzen in der letzten Reihe, weil sie zu den größten Schülern gehören. Vor ihnen stehen drei weitere Schulbänke. Die beiden Mädchen sind keine schlechten Schülerinnen, im Gegenteil. Aber heute haben sie Schwiergkeiten, sich auf den Unterricht zu konzentrieren. Immer wieder kommen ihnen die verschwundenen Gänse in den Sinn …

Bis zum Mittag hat es sich herumgesprochen, daß in der Frühe ein lautes Schnattern und Kreischen am Gänsewagen zu hören war und daß ein Mann mit einem Sack auf einem Fahrradanhänger ziemlich schnell davongeradelt ist. Er trug einen blauen Anorak.

»Also laßt uns den Mann mit dem Fahrrad und dem Anhänger finden«, verkünden die »Flying Sisters« wie aus einem Mund.

»Margot und Luise wären mir lieber«, sagt Pit und sieht immer noch sehr traurig aus. »Übrigens, meine Freunde in der Druckerei wollen mir hiermit helfen.«

Und dann drückt er Renate einen Stapel Flugblätter in die Hände. Pit hat seinen Freund Eric mitgebracht. Eric ist bei »Zebra« als Beleuchter beschäftigt.

»Am besten, wir gehen in verschiedene Richtungen«, erklärt Pit noch und marschiert gleich mit seinem Freund los.

»Keine schlechte Idee«, meint Eric zustimmend. »Auf diese Weise können wir auch noch ein bißchen Reklame für unseren Zirkus machen.«

Die Zwillingsschwestern sehen dem Gänsedompteur zu, wie er die gelben Flugblätter an Passanten verteilt. Renate und Reinhild machen sich dann in entgegengesetzter Richtung auf den Weg. Bei ihrem Vater haben sie sich vom Training abgemeldet. Das wollen sie später nachholen. Besser gesagt, sie müssen es.

»Was steht denn überhaupt drauf, auf diesen Werbezetteln?« will Renate wissen, bevor sie die ersten unter die Leute bringt.

Die Mädchen schauen sich die Flugblätter genauer an. Natürlich ist von den beiden wertvollen Gänsen die Rede. Außerdem von dem

Mann mit dem Fahrrad und dem Sack auf dem Anhänger. Auf dem unteren Rad steht die Telefonnummer des Zirkus »Zebra«.

»Ich glaube trotzdem nicht, daß unsere Aktion wirklich etwas bringt«, meint Renate, aber sie verteilt dann doch ein paar Flugblätter und stopft sogar einige in die Briefkästen eines Wohnblocks.

Nach einer halben Stunde ist ihr Vorrat an Flugblättern aufgebraucht.

»Ende der Fahnenstange! Los, wir treten den Rückzug an und warten auf die Erfolgsmeldung«, schlägt Renate vor. »Mehr können wir jetzt sowieso nicht tun.«

Die Zwillinge machen kehrt. Kurz vor dem Zirkusplatz steuert eine ältere Frau auf sie zu. In einer Hand hält sie eines der Flugblätter, in der anderen ihre volle Einkaufstasche.

»Gut, daß ich euch treffe! Das hier hab' ich vorhin von euch gekriegt, und mir ist dazu etwas eingefallen.«

Die beiden Mädchen sehen sich fragend an. Vielleicht kommt jetzt der entscheidende Hinweis.

»Meine Enkel waren vorgestern bei euch im Zirkus und sie fanden es wunderbar«, fährt die Frau fort und stellt ihre Tasche ab. »Die Clowns, die Tiere, die Akrobaten, einfach toll. Am liebsten würden sie jeden Tag hierher kommen.«

»Und was ist Ihnen eingefallen?«

»Ach ja, zur Sache. Ich wohne hier um die Ecke. Weil ich nicht so lange schlafen kann, stehe ich morgens oft schon auf, bevor es richtig hell wird. Dann setze ich mich meistens ans Fenster. Und heute morgen habe ich ihn gesehen, den Dieb. Jedenfalls den Mann, der auf diesem Blatt Papier steht. Mit dem Fahrradanhänger. Der müßte hier irgendwo in der Nähe wohnen.«

Wieder sehen sich die beiden Mädchen fragend an. Die Frau hat einen Arm in eine bestimmte Richtung gestreckt, aber ganz genau weiß sie nicht, wo der fremde Mann wohnt.

»Es könnte der Lindenweg sein.«

Während sich die Zwillinge bei der Frau für ihren Hinweis bedanken, setzt sie ihre Lobeshymne auf den Zirkus fort.

»Danke, danke« ruft Reinhild, die ihrer davoneilenden Schwester nachrennt.

»Also nichts wie hin«, wiederholt Renate, als Reinhild sie einholt.

»Sollen wir nicht lieber auf Pit warten oder ihm wenigstens Bescheid geben?« fragt Reinhild. »Außerdem bin ich ziemlich k.o. Und Papa wird uns gleich noch beim Training herumscheuchen.«

»Ach was«, bestimmt Renate. »Wir sehen uns den Mann einfach mal an. Selbstverständlich aus sicherer Entfernung.«

Die zweite Straße links, die nächste rechts. Sie nähern sich einer Gegend, die von einstöckigen, schmalen Häusern bestimmt wird. An die grauen Häuser sind nachträglich Garagen angebaut, und dahinter gibt es ausgedehnte Gärten mit alten Obstbäumen. Die Mädchen verlangsamen ihre Schritte.

»Wohin jetzt?«

»Was weiß ich«, sagt Renate. »Laß uns noch ein paar Meter weitergehen.«

Die Straße endet an einem Parkplatz, auf dem unter einer Kastanie nur ein rostiges rotes Auto steht.

»Bitte nicht weiter«, mahnt Reinhild. »Du, ich trau mich nicht weiter. Kehren wir um.«

Rechterhand ist der Eingang zu einem Schrebergarten zu erkennen. Rosafarbene Kletterrosen umgeben das hohe Eingangstor. Renate bleibt stehen und bedeutet ihrer Schwester, still zu sein. Und dann hören es beide: Gänsegeschnatter. Irgendwo hinter einer der dichten Hecken gibt es Gänse.

»Hier entlang!«

Renate deutet auf einen schmalen Fußweg, der zu einem kleinen, hellgrün gestrichenen Häuschen führt. Nur der obere Teil des Hauses und das Dach sind zu sehen. Alles andere wird von hohen Sträuchern verdeckt. Vorsichtig bewegen sich die Mädchen vorwärts, fast geräuschlos. Das Gänsegeschnatter wird lauter. Sie erreichen das Häuschen, das hinter einer mannshohen Mauer versteckt liegt. Renate gibt ihrer Schwester ein Zeichen. Sie begreift sofort und macht eine Räuberleiter, so daß Renate einen Blick auf das Grundstück werfen kann.

»Nun?«

»Ein großer Garten, viele Gänse, und ein Mann füttert sie gerade. Von einem Fahrrad hab ich nichts gesehen. Aber vor der Haustür liegt ein ausgewachsener Schäferhund.«

Lautlos gleitet Renate auf den Boden.

»Und was ist mit Margot und Luise? Konntest du sie erkennen?«

»Nein, dazu waren es zu viele Gänse.«

Reinhild macht ein bedenkliches Gesicht. Dann veranlaßt sie ihre Schwester, auch für sie eine Räuberleiter zu machen. Zwei Atemzüge lang kann sie in den Garten sehen.

»Nichts zu machen. Am besten kehren wir um.«

»Okay. Du hast recht.«

Enttäuscht machen sie kehrt. Als sie den grasbewachsenen Fußweg verlassen, hören sie eine Katze miauen. Eine junge, graugestreifte Katze kauert auf dem Parkplatz unter dem verrosteten Auto. Neugierig kommt sie darunter hervor. Mit ein paar Schritten ist Reinhild bei der Katze und hält sie auf dem Arm. Während sie gestreichelt wird, schnurrt die Katze ganz behaglich.

»Sie fühlt sich ganz weich an«, stellt Reinhild fest.

Vorsichtig streicht nun auch Renate über den Kopf der Katze. Die beiden Mädchen sind so mit dem Tier beschäftigt, daß sie den Mann nicht bemerken, der hinter ihnen durch ein niedriges Gartentor tritt. Das Tor ist von Heckenrosen überwuchert und nur auf den zweiten Blick zu erkennen. Den Mann sehen die Mädchen erst, als er mit seinem Fahrrad in ihrer Nähe bremst. »Ach, hier bist du«, sagt er und deutet auf die Katze, die es sich auf Reinhilds Arm richtig bequem gemacht hat.

Die Zwillinge starren den Mann mit dem Fahrrad an. Von einem Anhänger ist nichts zu erkennen. Aber der Mann trägt einen dunkelblauen Anorak mit hellblauen Ärmeln. Da ist der Dieb! Das muß er sein.

Reinhild läßt die Katze zu Boden springen und Renate nimmt all ihrem Mut zusammen und macht ein paar Schritte auf den fremden Mann zu.

»Was – was haben sie mit den beiden Gänsen gemacht?« fragt sie und sieht den Mann feindselig an.

»Wieso? Was denn? Zwei Gänse? Was hab ich damit zu tun?«

»Also, was ist los mit den Gänsen?« will Reinhild wissen, die mit einem Mal ihren Schneid wiedergefunden hat.

»Gehören sie euch?«

Der Mann blickt unsicher zwischen den Mädchen hin und her. Die Ähnlichkeit ihrer Gesichter scheint ihn besonders zu verunsichern.

»Wir kommen vom Zirkus Zebra«, sagt Renate. »Und wir wissen, daß sie die Gänse gestohlen haben.«

»Margot und Luise«, ergänzt Reinhild.

»Gestohlen?«

»Es sind überaus kostbare Tiere. Sie werden dringend für unsere Vorstellungen gebraucht. Sehr dringend sogar.«

»Ja, ja, ich weiß«, sagt der Mann, dessen faltiges Gesicht um einige Grade blasser geworden ist. »Deshalb hab ich sie ja auch ausgeliehen. Ehrlich. Nur für ein paar Tage ausgeliehen, mehr nicht.«

Die Mädchen glauben ihm nicht so recht. Er hat doch genug Gänse in seinem Garten. Der Mann schiebt sein Fahrrad zurück zu dem Gartentor, durch das die Katze längst verschwunden ist.

»Kommt mit, ich zeig euch was.«

Mißtrauisch folgen die Mädchen dem Mann und bleiben dann an dem Tor stehen. Der Schäferhund beginnt zu bellen. Aufgeregt läuft er durch den weitläufigen Garten. Der Mann zeigt auf eine Schar Gänse.

»Da sind sie. Damit ich sie wiedererkenne, habe ich den beiden bunte Wollfäden um den Hals gelegt. Es geht ihnen wirklich gut.«

»Wenn nicht«, sagt Renate mit fester Stimme, »dann geht's Ihnen aber höllisch schlecht.«

Mit einem scharfen Pfiff gibt der Mann dem Hund zu verstehen, daß er Ruhe geben soll. Und dann, während er durch das Tor geht und die Gänse ihm entgegenflattern, erzählt er, warum er die beiden Zirkusgänse mitgenommen hat. Er, der so gut wie keine Freunde unter den Menschen hat, der sich hier in der Abgeschiedenheit ganz seinen Tieren widmet. Immer schon war es sein Herzenswunsch, seinen Gänsen kleine Kunststücke beizubringen. Aber bei den Dressurversuchen stellten sie sich einfach zu dumm an. Und da dachte er, er müßte ihnen ein paar gute Vorbilder verschaffen. Für wenige Tage nur. Dann würden sie endlich begreifen.

»Ehrenwort! Ich habe sie nur ausgeliehen.«

»Aber wenn man sich etwas ausleiht, dann hat man vorher zu fragen, ob es auch gestattet ist«, bemerkt Reinhild.

»Es tut mir wirklich leid«, beteuert der Mann. »Wie kann ich das nur wieder gutmachen?«

Die beiden Mädchen ziehen die Schultern hoch. Das Wiedergutmachen ist nicht ihr Problem. Außerdem ist das nicht so schnell zu bewerkstelligen.

»Haben Ihre Gänse denn schon Fortschritte gemacht?« will Renate schließlich wissen.

»Leider nicht. Sie sind einfach zu tolpatschig und sie wollen nicht lernen. Was ich mit ihnen vorhatte, ist doch wohl zu schwer für sie.«

Zum Schluß verspricht ihnen der Mann, die Gänse unversehrt zurückzubringen. Er verspricht es ihnen feierlich in die Hände.

Als Renate und Reinhild schließlich zum Zirkus zurückkehren, werden sie von ihrem Vater und von Pit erwartet. Der Vater ist ziemlich ungehalten über ihr langes Ausbleiben, und auch Pit hat sich schon Sorgen gemacht. Die »Flying Sisters« dagegen strahlen wohlgelaunt.

»Wir haben sie gefunden, die gestohlenen Gänse! Ihnen geht es gut. Sehr gut sogar.«

»Und wann sind sie wieder da? Wo stecken sie denn?«

Seine Hände tief in den Hosentaschen, rennt Pit aufgeregt im Kreis herum. Er kann sich einfach nicht beruhigen. Es gibt einen kleinen Menschenauflauf. Jeder will wissen, was mit Margot und Luise passiert ist. Aber Reinhild und Renate lächeln nur geheimnisvoll. Sie wollen nicht alles verraten. auch nicht den Dieb. Er soll seine Chance haben.

»Laßt euch überraschen. Heute nacht werden sie auf dem gleichen Wege zurückkehren, auf dem sie verschwunden sind.«

Busch-Roland
Elefantenhochzeit

Begonnen hat das »Spiel« des Doppel-Zirkus Busch-Roland mindestens dreimal. Zum einen, als Paul Busch (1850 bis 1927), im Frühjahr 1884 im dänischen Svendborg sein damals kleines, aber feines Zirkus-Unternehmen erstmals der Öffentlichkeit präsentierte; zum anderen, als Will Aureden zusammen mit seiner Frau Ada 1948 in Bremen den Zirkus Roland ins Leben rief. Und Beginn Numero drei schließlich war, als 1962 beide Unternehmen sich zu dem Großzirkus Busch-Roland vereinigten.

Zirkus Busch, auch »Hofzirkus« genannt, war zu Kaiser Wilhelms Zeiten ein Markenzeichen besonderer Art. Was er an Ideen realisierte und an Attraktionen präsentierte, war in der Tat richtungsweisend. Um die Jahrhundertwende dominierte er in vielen Bereichen. So war es Constanze Busch, Ehefrau des Zirkusgründers, die 1896 mit ihrem Pferd Abukir eine Dressur vorführte, die man heute wegen ihres ungemein hohen Schwierigkeitsgrades in keinem Zirkusprogramm der Welt mehr findet. Die Zirkusdirektorin höchstpersönlich ritt mit ihrem Pferd auf einer sich drehenden Tonne, die einen Durchmesser von etwa eineinhalb Metern aufwies.

Kaum weniger Aufsehen erzielten die Buschs mit ihren festen Zirkusgebäuden, die binnen kurzer Zeit in Berlin, Hamburg, Breslau und Wien errichtet wurden. Sie boten dem Zirkus das, wonach andere Unternehmen sich in der oft langen Winterzeit sehnten: Eine witterungsunabhängige Spielstätte das ganze Jahr hindurch. Als Paul Busch starb, hinterließ er seiner Tochter Paula ein weltbekanntes Unternehmen.

Nach dem Zweiten Weltkrieg schien dann allerdings ein Reihe von Mißerfolgen den Stern des Zirkus Busch verblassen zu lassen. Daran vermochte auch der Umstand wenig zu ändern, daß der Zirkus die Kulisse für Spielfilme wie etwa »Phantom des großen Zeltes« (u.a. mit René Deltgen), »Schwarzwald-Melodie« (u.a. mit Walter Giller), »Meine Heimat ist täglich woanders« oder die TV-Serie »Zirkus meines Lebens« lieferte. 1962 kam es zum Zusammenschluß der Unternehmen Zirkus Busch (Berlin) und Roland (Bremen). Als 1970 dann Heinz Geier für 500 000 Mark den Doppelzirkus von Will Aureden erwarb – zehn Prozent der Anteile verblieben bei Elly Busch-Cador –, begann ein neues Kapitel der Busch-Roland-Geschichte.

Geier, kein geborener Zirkusmensch, ging als kühler Rechner ans Werk und versuchte Erfolge programmierbar zu machen. Er kreierte den »Traum-Zirkus«. Geier verpflichtete, was international Rang und Namen hatte. Während allüberall vom »Urlaub auf dem Bauernhof« die Rede war, propagierte Heinz Geier bereits den »Urlaub im Zirkus«. So veranstaltete er beispielsweise 1978 ein großes Zirkus-Preisausschreiben, bei dem die ersten Preise je ein »Urlaub im Zirkus« von unterschiedlicher Dauer (zwischen zwei Wochen und drei Tagen) waren.

»Der Zirkus lebt – es lebe der Zirkus!« wurde zum Motto im Leben des Zirkusdirektors Geier.

Die Erinnerungskiste

Später Nachmittag. In drei Stunden beginnt die Abendveranstaltung. Graue Wolken treibt der Wind über das Zirkuszelt hinweg. Die bunten Fahnen an den vier Mastspitzen flattern aufgeregt.

Erste Regentropfen prasseln nieder, als Niko die Tür seines Wohnwagens öffnet. Mit großen Schwierigkeiten schiebt er einen Sessel durch die Tür, den er eigentlich auf den Rasen stellen will. Plötzlich läßt er ihn stehen, zwängt sich an ihm vorbei und rennt fluchend die drei Treppenstufen hinunter. Er reißt seine Wäsche von der Leine. Die Leine zieht sich von einem Wagendach zum anderen. Hastig legt Niko die Wäsche zusammen und packt sie in einen Korb, den er unter seinem Wohnwagen hervorzieht.

»Oh, du verdammter Regen, konntest du mich diesmal nicht rechtzeitig warnen?« fragt er laut und hält seinen Kopf so, daß die Tropfen sein Gesicht treffen.

Natürlich bekommt er keine Antwort.

Im nächsten Augenblick ist Niko mit dem Wäschekorb in seinem Wagen verschwunden, nachdem er den Sessel mit einem Bein ins Innere des Wagens geschoben hat. Als der Regen nachläßt, nach einer halben Stunde, tritt er wieder vor die Tür und hockt sich auf die nasse Holztreppe. Ganz behaglich streckt er seine Beine aus. Dann holt er eine Zigarre aus der Innentasche seiner Jacke, zündet sie sorgfältig an und pafft genüßlich.

114

»Hallo!«

Niko hebt den Kopf und entdeckt Charly. Er hat seine Anstreicherleiter geschultert, und in einer Hand trägt er zwei gefüllte Farbeimer.

»Du Faulpelz wolltest doch deinen Wagen leerräumen«, sagt Charly vorwurfsvoll und stellt die beiden Farbeimer und die Leiter ab.

»Stimmt. Aber der Regen kam dazwischen. Deshalb ist erst einmal eine Pause angesagt.«

»Und nun? Kein Tapetenwechsel, keine Malerei?«

»Doch, doch. Ich glaube, wir können es jetzt wagen.«

Niko blickt sorgenvoll zum Himmel. Die grauen Wolken sind noch nicht ganz verschwunden. Und dann packen die beiden Männer zu. Im Nu ist Nikos Wohnwagen leer, und Charly macht sich an seine Anstreicherarbeit.

»Heute werde ich nicht mehr viel schaffen«, meint er. »Ab morgen früh geht's dann richtig rund.«

Ungefähr alle drei Jahre ist es soweit. Neue Farbtöne müssen her. Der Anstreicher hat die Aufgabe, nach und nach alle Zirkuswagen zu verschönern.

Als Charly mit dem Innenanstrich beginnt, kommt Heinrich junior zufällig vorbei. Nein, nicht zufällig. Heinrich ist überaus neugierig. Er springt von seinem blitzblanken 18-Gänge-Fahrrad herunter.

»Es riecht so schön nach frischer Farbe«, sagt er.

Heinrich junior ist der jüngste Sohn vom alten Heinrich, dem Tierpfleger. Der Vater versorgt die vier Elefanten, das Nashorn, die zahlreichen Pferde, Zebras, Löwen und Tiger, eben alle größeren Tiere. Gespannt bleibt der Zehnjährige vor Nikos Möbeln stehen. Er streicht mit einer Hand über die glattpolierte Kommode.

»Ziehst du um?« will er wissen.

Niko schüttelt den Kopf.

»Wohin sollte ich schon umziehen«, antwortet er und verschwindet in seinem Wohnwagen. Als er wieder vor der Tür erscheint, sagt er: »Meine Wohnung ist leergeräumt. Heute nacht schafe ich bei dir. Einverstanden?«

»Na klar! Das ist ja super!«

Niko lacht und bläst wölkchenweise Zigarrenrauch in die Luft. »Nein, nein. Das ist schon geklärt. Angelo Facetti hat mich zu sich eingeladen.«

Heinrich junior lehnt sein Fahrrad an den Wohnwagen. Der Schrank, die beiden Kommoden, der Tisch, das Sideboard interessieren ihn außerordentlich. Ein paar Mal läuft er um diese herum. So kann er die kleinen Möbelstücke besser begutachten. »Alles selbstgezimmert«, erklärt Niko stolz.

Heinrich sieht ehrfurchtsvoll zu ihm auf. Und dann entdeckt er die alte Kiste, die Niko und Charly vor wenigen Minuten keuchend ins Gras gestellt haben. Vorsichtig hebt Heinrich die Klappe an der Holzkiste hoch.

»Lauter Anziehsachen«, murmelt er vor sich hin. »Donnerwetter, lauter wunderschöne Teile zum Verkleiden.«

Er blickte sich um. Niko ist nicht mehr da. Seine Stimme ist aus dem Wohnwagen zu hören. Vielleicht erlaubt er es nicht, daß Heinrich junior die Sachen nebeneinander in die Höhe hebt und ausgiebig betrachtet.

»Echt tolle Auswahl«, murmelt der Zehnjährige.

Unerwartet steht dann Niko hinter ihm und sieht ihm über die Schulter. Er ist nicht wütend, er schmunzelt vor sich hin. Beide Hände hat er in die Seiten gestemmt. Heinrich meint in seinen Augen einen wehmütigen Glanz zu entdecken.

»Meine alten Kostüme«, sagt Niko. »Jede Menge Erinnerungen an große Vorstellungen.«

»Oh, Entschuldigung!«

Heinrich junior blickt ihn erschrocken an. Er möchte nicht unbefugt in den Erinnerungen des Clowns herumkramen. Aber Niko nickt ihm aufmunternd zu.

»Mach nur weiter. Ich hab schon seit Jahren keinen Blick mehr hineingeworfen«, sagt er. »Weißt du, in jedem Kleidungsstück steckt eine kleine Geschichte, mindestens eine. Geschichten aus längst vergangenen Zeiten.«

116

Heinrich hält eine überlange rote Jacke aus glänzender Seide hoch. Der Geruch von alten Zigarren breitet sich aus.

»Ach ja«, sagt Niko. »hab ich mir in Istanbul anfertigen lassen. In einer klitzekleinen Schneiderei. Bei einem taubstummen Schneider. Es dauerte fürchterlich lange, bis ich ihm erklärt hatte, was ich unbedingt haben wollte.«

Danach hebt Heinrich ein langes weißes Hemd hoch, das wie ein Kleid geschnitten ist. Der weite Halsausschnitt ist zerrissen, und an einem der langen Ärmeln befinden sich eigenartige dunkelrote Flecken.

»Es ist besser, du legst es wieder weg«, sagt Niko, der selbst ein wenig erschrocken wirkt.

»Warum? Was ist damit? Wer hat es zerrissen?«

Trotz seiner Fragen gehorcht Heinrich und läßt das Kostüm zurück in die Kiste gleiten.

»Tja, Heinrich, du weißt doch – Aberglaube spielt bei uns seit jeher eine große Rolle«, erklärt Niko. »Ein Unglück darf sich nicht wiederholen. Ein Absturz …«

»Es ist etwas passiert?«

Heinrich ist hellhörig geworden. Mit beiden Händen stützt er sich auf die Holzkiste und wirft dem alten Clown einen durchdringenden Blick zu. So ohne weiteres gibt er sich nicht zufrieden.

»Ein Unfall? Wer war's denn?«

»Ein Freund von mir. ›König der Lüfte‹ wurde er genannt«, erklärt Niko, während er ein paar langsame Schritte auf den Jungen zumacht. »Er war ein sehr eleganter und mutiger Trapezkünstler. Aber eines Tages ist während einer Vorstellung eine Strickleiter gerissen, und er stürzte Hals über Kopf in die Manege.«

»Hals über …?«

»Ich stand am Rande der Manege und sah ihn fallen und versuchte ihn aufzufangen«, berichtet Niko, aber er tut es so, als spreche er nur mit sich selbst. »Es ist mir nur halbwegs gelungen. Er schlug auf den Boden auf und war schwer verletzt. Als er aus dem Krankenhaus entlassen wurde, konnte er nicht wieder aufs Trapez. Seine Karriere war zuende. Du kennst ihn.«

»Nein, ich weiß von nichts.«

»Es ist Tonio, der ...«

»Der Chef der Manege? Wirklich?«

»Ja, Tonio.«

»Er sieht immer so elegant aus in seinem schwarzen Anzug.« Unwillkürlich schaut der Junge nun zu dem großen Zelt herüber, zu den Masten, an denen bunte Fahnen flattern.

»Aber viel lieber wäre er Trapezkünstler«, sagte Niko.

»Vielleicht trägt er deshalb den schwarzen Anzug«, vermutet Heinrich, »weil er traurig ist, daß er seine Kunststücke nicht mehr zeigen kann.«

»Möglicherweise hast du recht.«

Niko hat wieder die Treppe zu seinem Wohnwagen erreicht. Es sieht so aus, als wollte er den Erinnerungen aus dem Weg gehen. Lieber sieht er Charly bei seiner Arbeit zu.

Inzwischen hat Heinrich junior ein graues Fell in der Hand, das er auseinanderrollt.

»Niko, was ist das hier?«

»Ach, ich hab's vergessen«, sagt der Clown, der gar nicht genau hingesehen hat. Aber Heinrich läßt nicht locker. Und so erfährt er dann, daß dieses Kostüm zu einem lustigen Clownsspiel benutzt wurde.

»Das Spiel hieß ›Warum haben Elefanten so große Ohren‹?«, erklärt Niko. »Bei den Zuschauern kam es nicht so gut an. Wir haben es nur ein paar Monate gespielt und dann durch ein anderes ersetzt.«

Heinrich stöbert weiter in der Kiste herum. Er ist fast bis zum Boden vorgedrungen.

»Ha, nicht zu glauben! Ein Weihnachtsmann«, ruft er mit einem Mal und zieht ein etwas unförmiges Holzstück hervor, das rot und silbern angemalt ist. Durch die rote Mütze des Weihnachtsmannes ist ein Band gezogen.

»Ja, der olle Weihnachtsmann«, erklärt Niko. »Fast jedes Jahr hab ich ihn an den Tannenbaum gehängt. Ein Geschenk meines Vaters. Er hat ihn selbst gebastelt, den guten Kerl. Damals, während der Kriegsgefangenschaft, 1947.«

Kriegsgefangenschaft. Etwas ganz Genaues kann sich Heinrich nicht darunter vorstellen. Ihm fallen ein paar Bilder aus dem Fernsehen ein. Raketen. Panzer. Soldaten in Gefangenschaft, Männer mit ausdruckslosen, geschwärzten Gesichtern.

»Feierabend!« ruft Charly plötzlich. »Schluß für heute. Morgen ist auch noch ein Tag.«

Charly beginnt seine Pinsel in einem weißen Eimer zu reinigen. Niko und Heinrich junior sehen sich einen Moment lang an. Der Junge hätte gern noch mehr von früher erfahren. Aber Niko winkt nun ab. Er ist irgendwie erleichtert, daß er nicht noch mehr Schicksale vor ihm ausbreiten muß.

»Eine sehr kostbare Schatzkiste«, stellt Heinrich fest. »Du bist ein reicher Mann.«

»Ach nein«, schüttelt Niko den Kopf. »Richtig reich ist beim Zirkus noch niemand geworden. Auch ich nicht. Obwohl ich schon eine Ewigkeit dabei bin. Jedenfalls nicht reich im üblichen Sinn, eher erlebnisreich …«

»Bis morgen dann!« verkündet Charly.

Heinrich weiß, daß er sich jetzt eigentlich auch zurückziehen sollte, aber er verspürt noch keine Lust dazu. Vielleicht hat Niko noch eine spannende Geschichte auf Lager.

»Also, wenn Charly mit meinem Wohnwagen fertig ist, wenn alles neu gestrichen ist«, meint Niko schließlich, »dann kannst du mich wieder besuchen. Dann öffnen wir mal wieder diese Kiste.«

Und mit einem satten Knall läßt Niko die Klappe der verstaubten Erinnerungskiste herunterfallen.

Sarrasani
Zwischen Sensationen und Katastrophen

Schon für Oma und Opa ging von diesem Zirkus-Namen eine magische Wirkung aus: Sar-ra-sa-ni. Ein Kunstwort für einen Zirkus, der wie kein anderer über Jahrzehnte hin in Europa und Übersee für Schlagzeilen sorgte. Ein Zirkus, der alle Höhen und Tiefen erlebt hat. Zwei Zeitungsmeldungen vorab, die keiner weiteren Erläuterung bedürfen. So verkündete am 24. Juni 1961 die Münchner Abendzeitung in großen Lettern: »Überfallkommando muß Andrang zu Sarrasani stoppen.« Fast 20 Jahre später, am 7. Mai 1981, meldete die Frankfurter Rundschau ebenfalls eine Sensation: »Zur Sarrasani-Premiere nur 100 Zuschauer.«

Sarrasani, wer war das eigentlich? Gab es überhaupt je eine Person dieses Namens? Was begründete den legendären Ruhm dieses Zirkus-Unternehmens? Fragen über Fragen, auf die es mehr oder minder ausführliche Antworten gibt. In Märchen – zumindest bei den Gebrüdern Grimm – beginnen Geschichten dieser Art im allgemeinen mit dem Satz »Es war einmal ...« Bei der wie ein Märchen anmutenden Geschichte des Zirkus Sarrasani begann alles damit, daß ein fünfzehnjähriger Gutsbesitzersohn mit Namen Hans von Stosch von zu Hause ausriß. Nicht irgendein Söhnchen, sondern eines aus der angesehenen, preußischen Familie von Stosch. Aus einem Geschlecht, das 1691 erstmals erwähnt wurde, bereits Staatsminister, Diplomaten und sogar einen Admiral gestellt hatte. Und das zudem den wohl berühmtesten Zirkusdirektor der Welt stellen sollte. Doch das ahnte damals noch keiner, als der 1872 geborene Hans von Stosch über Nacht das elterliche Gehöft verließ. Er riß einfach aus, weil ihn ein in der Nähe seiner Heimatstadt Lomnitz (Provinz Posen) gastierender Wanderzirkus so fasziniert hatte. Als der Zirkusdirektor den Knaben zwischen Stroh und Tieren entdeckte, stand die Zukunft des Zirkus Sarrasani (den es erst 15 Jahre später einmal geben sollte) bereits erstmals auf das Messers Schneide. Doch der Zirkusdirektor zeigte Herz – oder brauchte vielleicht tatsächlich einen billigen Stallburschen. Hans von Stosch jedenfalls war fleißig, neugierig, gelehrsam und brachte es binnen kurzer Zeit gar bis zum Stallmeister. Jeden verdienten Groschen legte er auf die berühmte hohe Kante. Sein Ziel war: einmal ein eigenes Zirkusunternehmen zu besitzen. Doch bis dahin war noch ein langer Weg. Zunächst wurde aus Hans von Stosch ein Clown, der sich Sarrasani nannte. Und der

offensichtlich so gut war, daß er bereits 1893 eine Monatsgage von 300 (!) Mark erhielt.

Die Ära Sarrasani hatte begonnen. Sarrasani wurde zum Inbegriff zirzensischer Kunst schlechthin. Erst jubelte Deutschland, dann Europa, dann die halbe Welt ihm und seiner Truppe zu. Könige besuchten seine Vorstellungen, sogar der Zar empfing ihn zu einer ganz speziellen Gala-Show.

Aber noch gab es den Zirkus Sarrasani gar nicht. Hans von Stosch hatte inzwischen die Handschuhverkäuferin Maria Ballhorn geheiratet, war Vater der Tochter Hedwig und des Sohnes Hans geworden und kassierte bereits eine Monatsgage von 2000 Mark. Aus dem Clown war längst ein Zauberer, ein Dompteur, ein Allroundkünstler der Manege geworden. Ein König, dem die Krönung fehlte: das eigene Zirkus-Unternehmen.

Als Ende 1901 in Aachen ein Zirkus Konkurs anmelden mußte, griff Sarrasani mit einem Erbteil von 30 000 Mark zu. Er kaufte auf, was übriggeblieben war und wollte am 2. April 1902, seinem 30. Geburtstag, seine Premierenvorstellung in Meißen geben – die Erfüllung seines Traums. Doch es kam anders: Erstmals machte Sarrasani nachdrücklich mit etwas Bekanntschaft, was dieses Zirkus-Unternehmen fortan immer begleiten würde: dem Schicksal.

Ein Wirbelsturm packte das Zelt und zerfetzte es, ließ Tiere wie Menschen in Panik auseinanderfliehen. Und doch wurde Sarrasanis Premierenvorstellung zwei Tage später nachgeholt – getreu seinem wohl damals erstmals

Diese Prunkfassade von Sarrasani im maurischen Stil wurde vom Hannoveraner Architekten Alfred Pape entworfen.

ausgegebenen Motto »Der Zirkus muß spielen«. Vielleicht war es dieser Überlebenswille, der Mal für Mal dem Zirkus Sarrasani wieder auf die Beine half. Und der diesem Unternehmen zu seinem Image verholfen hat, das da lautet: Sarrasani darf, nein, Sarrasani kann nicht untergehen – obwohl es oftmals schon kurz davor war. Ein Zeitungsartikel listet einige der Katastrophen so auf: »1923 ging der größte Teil des Unternehmens bei einem Schiffsunglück in der Biscaya verloren, 1931 brannte der Zirkus in Antwerpen nieder, 1935 geriet er in Porto Alegre in Brasilien in einen Wirbelsturm und 1945 in den Dresdener Bombenhagel …«

Hans Stosch-Sarrasani sen., 1934

Doch Sarrasani erlebte auch ebenso viele Glanzpunkte. Mit seinem schon 1907 rund 5000 Personen fassenden Zelt, einem 200 Wagen großen Fuhrpark sowie 500 Bewohnern dieser Zeltstadt und 600 Tieren durfte er sich als der größte Zirkus der Welt bezeichnen. 964 (!) europäische Städte hatte Sarrasani seit seinem Start in Meißen auf Gastspielreisen besucht, ehe der Erste Weltkrieg die erste größere Zäsur brachte. Die Artisten strömten auseinander, das Futter für die Tiere wurde knapp, es gab kaum Auftrittsmöglichkeiten. Da half auch der 1912 in Dresden errichtete feste Zirkusbau nicht weiter, der damals mit 42 Metern Höhe und 62 Metern Durchmesser als Europas größte freitragende Hallenkuppel galt. Sarrasani stand wieder dort, wo er einst angefangen hatte. Er kämpfte an gegen die drohende totale Katastrophe – und griff nach jedem Strohhalm. Auch, als 1920 der Stummfilm »Das indische Grabmal« mit Tieren aus Sarrasanis Bestand gedreht werden sollte.

Doch die große Zeit des Zirkus Sarrasani schien unwiederbringlich vorüber. Bis Sarrasani alias von Stosch sich im Februar 1924 entschloß, in Südamerika den Neubeginn zu wagen. Alles, was vom Zirkus geblieben war, wurde mit Mann und Maus auf die beiden Schiffe »Ludendorff« und »Danzig« verladen. Ein wagemutiges, ein abenteuerliches Unternehmen. Aber eines, das wiederum genau zu seinem Namen, zu Sarrasani paßte.

Und dank eines geradezu genialen Einfalls – nämlich für die etwa 5000 Zeitungsjungs Montevideos kostenlos eine Eröffnungsvorstellung zu geben – wurde der Auftritt Sarrasanis in Südamerika zum Siegeszug. Überall verkündeten die Zeitungsjungs lautstark »Zirkus Sarrasani – der beste Zirkus der Welt«.

Sarrasani kostete diesen Erfolg aus, wo immer und so lange es möglich war. Doch eines Tages war es wieder soweit: die Heimkehr ins vertraute Europa stand an. Aber der Beginn einer Frankreich-Tournee 1930 endete mit einer Katastrophe: Aufgebrachte Elefanten drängten in die in Panik geratene Menschenmenge. Mit seinem Zirkus flüchtete Sarrasani Hals über Kopf zurück nach Deutschland. Versuche, von hier aus auf Tourneen in Nachbarländer zu gehen, scheiterten. Bei einem Gastspiel in Antwerpen legte ein fanatischer Brandstifter den einst ruhmreichen Zirkus Sarrasani in Schutt und Asche. Stosch-Sarrasani war der Resignation nahe. Doch noch einmal versuchte er in Südamerika sein Glück. Vergebens. Am 21. September 1934 starb Hans Stosch-Sarrasani, fernab von Europa. Seine letzten Worte: »Der Zirkus muß spielen!«

Ein Traumberuf

Mit einem Ruck bleibt der Mann in der blauen Uniform stehen. Er schaltet seine Taschenlampe ein. Der Lichtstrahl wandert über das Holzgerüst unterhalb der Sitzreihen. Er erfaßt eine Gestalt, die hinter einem stabilen Balken hockt und sich an den Boden drückt.

»Hallo, was machen Sie denn da?«

Ralf Greiner lehnt sich an eine der Zeltplanen und beobachtet die Gestalt, die er bei seinem abendlichen Rundgang aufgestöbert hat.

»He, hören Sie mich? Sie brauchen sich nicht zu verstecken!«

Elf Uhr. Vor einer Stunde ging die Abendveranstaltung zuende. Um diese Zeit herum macht er immer seinen Kontrollgang, bevor er sich in seinen Wohnwagen zurückzieht.

Es tut sich nichts. Die Person verharrt unbeweglich in ihrer Hockstellung. Deshalb stößt Ralf Greiner ein paar schrille Pfiffe aus. Vielleicht hört ihn jemand und kommt ihm zu Hilfe.

»Menschenskind, kommen Sie endlich 'raus! Oder soll ich erst meinen Hund rufen?«

Der Trick zeigt Wirkung. Im Lichtstrahl der Taschenlampe erhebt sich die Gestalt ganz langsam und klettert dann durch das Holzgerüst. Sie kommt auf Ralf zu. Ein junger Mann, nein, ein Junge von etwa vierzehn Jahren.

»Was soll das eigentlich? Was treibst du hier?«

Der Junge hält seine Hände schützend vors blasse Gesicht, weil ihn

das Licht der Taschenlampe blendet. Dann bleibt er mit schuldbe-
wußtem Gesicht vor dem Mann in der blauen Zirkusuniform stehen.
Er blickt unentwegt zu Boden und sagt nichts.

»Also, was ist los?«

Er sieht nicht gerade gepflegt aus. Ralf Greiner erkennt, daß der
Junge schon einige Zeit unterwegs sein muß. Die dunkelblonden
Haare kleben an seinem Kopf. Die Hosenbeine sind oberhalb der
Schuhe naß. Seine braune Lederjacke ist arg verkratzt. Unter der
Jacke trägt er ein knallgelbes Hemd, dessen Ärmel zu lang geraten
sind.

»Was machst du hier?«

»Ich suche jemanden«, sagt der Junge plötzlich und blickt nun unsicher auf.

»Hier unter der Tribüne? Da wirst du niemanden finden. Oder war
doch jemand da?«

»Nein. Ich wollte hier warten.«

»Warten? Ausgerechnet hier?«

»Ein paar Stunden schlafen und morgen weitersuchen.«

»Okay. Aber hier gibt es kein Hotelzimmer. Um wen geht's denn?«

»Das weiß ich nicht so genau.«

Hinter sich hört Ralf Greiner endlich ein paar Stimmen, die schnell
näherkommen. Jemand ruft seinen Namen. Er erkennt die Stimme
von Ben.

»Also, ich lasse mich nicht veräppeln! Von einem wie dir schon gar
nicht«, sagte er barsch. »Jetzt aber raus mit der Sprache. Was wird
hier gespielt?«

»Ich will – ich möchte – ich möchte zum Zirkus. Möchte Clown werden. Ein richtiger Zirkusclown.«

Ralf Greiner lächelt gequält, als er dem Jungen direkt ins Gesicht
leuchtet. Der Junge hat nun eine ganz und gar trotzige Miene. Das
gebündelte Licht scheint ihm nichts mehr auszumachen.

»Ach du liebe Güte! Dann bist du hier falsch. Und den Clownberuf, den
muß man von der Pike auf lernen. Es gehört verdammt viel dazu.«

»Das weiß ich.«

In diesem Moment tauchen Ben und Miguel aus der Dunkelheit auf. In einer Entfernung von fünf Metern bleiben sie stehen und beobachten die Situation. Ralf Greiner winkt sie zu sich heran. Ben, der Liliputaner, kommt näher, während Miguel abwartet.

»Woher kommst du?« fragte Ralf den Jungen. »Wohnst du hier?«

»Nicht hier, nicht in der Nähe.«

»Dann bist du also durchgebrannt. Abgehauen. Stimmt's? Klammheimlich von zu Hause abgehauen.«

»So ungefähr.«

Miguel ist nun auch vorsichtig nähergekommen und hat sich neben Ben und hinter den Jungen gestellt. Der schaut sich unruhig um, einmal nach links, einmal nach rechts.

»Wo wohnst du?«, setzt Ralf Greiner sein Verhör fort.

»Genau genommen in Erfurt.«

»Was? So weit weg? – Kommt, schaffen wir ihn zu unserem Oberclown. Der soll sich mit ihm auseinandersetzen, der weiß doch immer Rat.«

»Nicht immer, aber oft«, stellt Ben mit Nachdruck fest, der fast rennen muß, um mithalten zu können.

Begleitet von den drei Zirkusleuten, wird der Junge quer durchs Zirkusgelände geführt. Nach wenigen Minuten stehen sie vor Nikos Wohnwagen und klopfen gegen die Tür. Keine Antwort. Niko scheint noch unterwegs zu sein, denn nach der letzten Vorstellung ist er immer zu sehr aufgekratzt, um sofort schlafen zu gehen.

»Setzen wir uns. So läßt es sich besser warten«, schlägt Miguel vor.

Zu dritt nehmen sie auf den hölzernen Treppenstufen Platz. Ben, der normalerweise Benjamin heißt, hockt sich ihnen gegenüber auf eine Eisenbahnschwelle, die zum Festsetzen der Wohnwagen benutzt wird.

Es ist nicht mehr so dunkel wie unmittelbar neben dem Zelt. Der Halbmond, der direkt über dem Kirchturm aufleuchtet, liefert ausreichendes Licht.

»Jetzt haben wir Zeit zum Reden«, sagt Ralf Greiner. »Du könntest uns mal erzählen, wie du hierher gekommen bist.«

Der fremde Junge räuspert sich.

»Gelaufen, gewandert, getrampt. Unterwegs hab ich die Leute gefragt, ob irgendwo ein Zirkus gastiert. So bin ich hier gelandet. Zufällig. Aber ich kenne mich in dieser Gegend überhaupt nicht aus.«

In dem Augenblick, als Ben einfällt, daß sich der Clown am Abend mit einem Versicherungsvertreter verabredet hat, biegt Niko um die Ecke.

»Hallo, Freunde. Noch nicht im Bett?«

Er sieht müde aus, der Clown. Müde und unzufrieden. Mit zusammengekniffenen Augen betrachtet er die vier Personen vor seinem Wagen. Ralfs kurze Schilderung hört er mit gerunzelter Stirn an.

»Nein, heute will ich nichts mehr hören«, sagt Niko dann. »Ich bin zu erschöpft, richtig kaputt. Mir reicht's. Bringt ihn irgendwo unter. Morgen werde ich mit ihm reden. Gute Nacht, meine Herren, gute Nacht.«

Prompt verschwindet Niko in seinem Wagen und zieht die Tür hinter sich zu.

Die Hände in den Hosentaschen, stehen die drei Männer unschlüssig herum und sehen den Jungen an.

»Wie heißt du eigentlich?« fragt Miguel.

»Harald Ewerstal.«

»Und du kommst wirklich aus Erfurt?«

»Das ist die Wahrheit.«

»Also, dann bleibt uns nichts anderes übrig als die Polizei zu verständigen«, erklärt Ralf Greiner. »Ein Jugendlicher, der von zu Hause …«

Er kann seinen Satz nicht zuende bringen, denn der Junge stößt ihn zur Seite und rennt los, rennt an der Reihe der Wohnwagen vorbei, und er wird schnell von der Dunkelheit verschluckt.

»So ein Blödsinn!« sagt Ben. »Geht schon wieder stiften, obwohl wir ihm helfen wollen. Wir sind doch keine Unmenschen.«

Sie suchen das Zirkusgelände ab, können den Jungen aber nicht entdecken.

»Kein Einzelfall«, stellt Ralf Greiner fest, bevor er sich verabschiedet. »Hier tauchen immer mal Ausreißer mit märchenhaften Vorstellungen vom Zirkus auf.«

Am nächsten Morgen entschuldigt sich Niko bei Ben. Die Verhandlung mit dem Versicherungsmann verlief für ihn sehr enttäuschend. Es ging um seine Kranken- und Altersversicherung. Niko wirkt echt zerknirscht. Ben erzählt ihm alles, was er von dem Jungen erfahren konnte.

»Es tut mir wirklich leid, aber gestern Abend war ich grantig und hundemüde«, sagt Niko. »Ich kann einfach nicht ständig obenauf sein.«

»Okay, schon gut. Allerdings, der Junge aus Erfurt ist weg«, sagt Ben. »Wer weiß, wo er diesmal gelandet ist.«

Und dann, während der Nachmittagsvorstellung, entdeckt Niko den Jungen in dem gelben Hemd. Er sitzt in der vierten Reihe, ganz rechts, direkt an einem Durchgang. Da sitzt er und schaut ihm gebannt zu, dem Clown. Am Ende des Programms ist er jedoch wieder verschwunden.

Niko macht sich auf den Weg zu Olli, dem Schlagzeuger. Der Musiker hatte ihm die Adresse des Mannes von der Versicherung gegeben. Das Orchesterpodium im Zelt ist schon leer. Deshalb will Niko, der noch in seinem Clownskostüm steckt, vor dem Zelt nach Olli Ausschau halten. Doch plötzlich steht der fremde Junge vor ihm. Er dreht dem Clown den Rücken zu.

»Hallo, Harald«, spricht Niko den Jungen an, der zusammenzuckt. Im nächsten Moment wird er sich davonmachen, so sieht er jedenfalls aus. Deshalb legt ihm Niko eine Hand auf die Schulter. Er steckt noch in seinem Clownskostüm. »Nicht wieder sofort davonfliegen!«

Der Junge weiß nicht, ob er eine ernste oder eine freudige Miene aufsetzen soll. Er betrachtet seine Schuhe und die des Clowns.

»Laß uns etwas essen gehen«, schlägt Niko vor.

So landen sie am Buffetwagen. Sie setzen sich auf eine Eckbank, sonst ist nichts frei. Die Gäste starren die beiden an. Sie zwinkern oder winken dem Clown zu. Am liebsten würden sie sich wohl auf seinen Schoß setzen. Harald hat keinen Hunger. Niko bestellt zwei Cola. Beide stürzen die Cola schnell hinunter.

»Du willst also zum Zirkus«, sagt Niko. »Clown als Traumberuf. So hört es sich jedenfalls an.«

»Ich hab doch noch gar nichts gesagt«, erklärt Harald.

»Mir nicht, aber den anderen. Gestern Abend. Nun ja, du hast bestimmt recht. In einer Welt, in der so viel kaputtgeht, sind die Clowns überlebenswichtig.«

Harald rollt das leere Colaglas in seinen Händen hin und her. Er tut so, als interessieren ihn die Worte des alten Mannes nicht besonders. Aber er läßt ihn keine Sekunde aus den Augen.

»Wie bist du auf die Idee gekommen, zum Zirkus zu wollen?«

»In der Schule mache ich manchmal den Clown«, sagt der Junge und lächelt Niko an. »Lehrer nachmachen, Streiche aushecken. Das macht mir Spaß. Deshalb der Zirkustraum. Aber meine Eltern sind sehr dagegen. Ich soll was Vernünftiges lernen. Etwas aufbauen. Erfolgreich sein. Eigentlich wollen sie mich nur auf der Überholspur sehen.«

»Bevor man sich in die Arena wagen kann, muß man die Menschen wirklich kennen« meint Niko nachdenklich. »Ihre Vorlieben, ihre Schwächen, ihre Sehnsüchte …«

Harald sieht ihn mit angespanntem Gesicht an. In seinen Augen ist eine gehörige Portion Entschlußkraft zu erkennen. Ab und zu nickt er zu Nikos Worten.

»Als Beruf kann ich mir nichts Schöneres vorstellen«, erklärt Niko. »Wir erfinden eine kleine unzerstörbare Welt der Freude. Wir zeigen den Menschen, wo es langgehen könnte.«

Niko bricht seine Erklärungen ziemlich abrupt ab. Weil sich die Leute am Nebentisch so laut unterhalten, ist es ihm im Buffetwagen zu ungemütlich geworden. Er bittet den Jungen, mit ihm ins Freie zu gehen.

»Aber es ist doch ein schöner Beruf«, beginnt der Junge wieder, als sie draußen sind. »Man reist durchs Land, man verbreitet Freude, man macht sich Freunde.«

»Es ist ein überaus harter Beruf. Du mußt alles geben. Manchmal wirst du dafür belohnt. Das Allerschönste ist der Beifall des Publikums«, erklärt Niko langsam. »Wenn du ihn erlebt hast, bist du zu allen Anstrengungen bereit, um ihn weiterhin zu genießen. Er ist der eigentliche Lohn unserer Arbeit, der Beifall.«

Mit langsamen Schritten gehen sie an den Zirkuswagen vorbei, sie umrunden das große Zelt. Irgendwann bleiben sie vor einem der Wagen stehen.

»Aber nun«, sagt Niko. »Nun mußt du schleunigst zurück zu deinen Eltern.«

»Ich habe keine Ahnung wie …«

»Laß dir alles, was ich gesagt habe, noch ein paarmal durch den Kopf gehen. Und wenn Du dann immer noch Lust hast, dann melde dich wieder bei mir.«

Niko gibt dem Jungen ein Kärtchen, auf dem die Adresse des ständigen Winterquartiers steht. Das hat er in ähnlichen Fällen immer so gemacht. Sehr wenige haben sich später wieder gemeldet. Junge Leute, die aus dem gleichen Holz geschnitzt waren wie Harald Ewerstal.

»Mein Chef wird sich nun um dich kümmern« sagt der Clown. »Und ich werde ein gutes Wort für dich einlegen.« Und dann klopft er an die Tür des Wohnwagens. Es ist der Wagen des Zirkusdirektors.

Barum
Raubtiere und Dompteure

Wer Barum sagt, der denkt an einen Zirkus, zu dessen Hauptattraktionen Löwen, Tiger und Panther zählen. Das war schon von Anfang an so. Die Geschichte des Zirkus Barum begann, als im Jahre 1878 Carl Froese mit in Afrika selbst gefangenen Raubtieren in Deutschland »Barums große amerikanische Karawanen-Menagerie« gründete. Das war die Vorstufe zum eigentlichen Zirkus Barum, den Froese-Schwiegersohn Arthur Kreiser 1911 eröffnete: Mit einem Rundzelt, gewagten Dressuren und einem ersten kompletten Programm.

Während Arthur Kreiser als Tiger- und Eisbärendompteur auftrat, sorgte seine Frau Helene alias »Miss Helio« mit ihren Berberlöwen für Gesprächsstoff. In die Schlagzeilen der Weltpresse geriet Barum 1913, als der Zirkus in Leipzig Station machte. Eine Straßenbahn rammte nämlich einen Zirkus-Wagen, in dem sich zwölf Löwen befanden. Zehn von ihnen brachen aus, acht wurden von Polizisten erschossen – Barums Hauptattraktion gab es nicht mehr.

Doch der »Löwenzirkus« überstand diese Krise und feierte in den 20er Jahre neue Erfolge, als der damals berühmte »Kapitän Alfred Schneider« bei Barum gleich mit 100 (!) Löwen auftrat.

In den kommenden Jahren setzte Barum sogar eigene Reklame-Flugzeuge ein, um auf seine Gastspiele aufmerksam zu machen. Er startete Tourneen durch Holland, Italien und die Mittelmeerländer, schließlich sogar durch Rußland und Innerasien. Dann geriet der Zirkus in die Wirren des Zweiten Weltkrieges; Reste von Mannschaft und Zirkusbestand sammelten sich schließlich im niedersächsischen Einbeck, das lange Jahre Stamm- und Winterquartier von Barum geblieben ist.

★

1953 starb Arthur Kreiser, der Barum einst berühmt gemacht hatte. Daß mit ihm nicht auch ein ruhmreicher Zirkus starb, dafür sorgte zunächst Kreisers älteste Tochter Margarete und dann ein junger, wagemutiger Mann: Gerd Siemoneit. Er hatte 1952, gerade 20 Jahre alt, erstmals einen Löwenkäfig betreten.

Siemoneit erlebte bei Barum eine Bilderbuch-Karriere. Wer seinen Lebensweg nachzuzeichnen versucht, wird manche Parallele zu einem anderen Zirkus-König entdecken. Denn Gerd Siemoneit verließ ebenfalls mit 15 Jahren bei Nacht und Nebel sein Elternhaus und schloß sich einem vorüberziehenden Zirkus an. Auch er war zunächst u.a. Zeltarbeiter, Kutscher, Pausenclown und schließlich Jockey-Reiter. Dann kam seine »große Stunde«: Schon einige Zeit hatte er seinem Lehrer, dem Dompteur Sepp Wiesner, geduldig und gelehrig über die Schulter geschaut. Und plötzlich durfte er aus einer Notlage heraus dessen Raubtiergruppe vorführen.

Damit hatte Gerd Siemoneit die erste Sprosse der Erfolgsleiter erklommen. Seine ungezwungene Art, mit Raubkatzen umzugehen, sprach sich in Windeseile in der Zirkusbranche herum. Als offensichtliches Naturtalent bekam dieser Neuling jede Menge Angebote. Er zeigte seine Dressurkünste – außer bei Barum – in Zirkus-Unternehmen wie Aeros, Apollo, Mullens, Barlay,

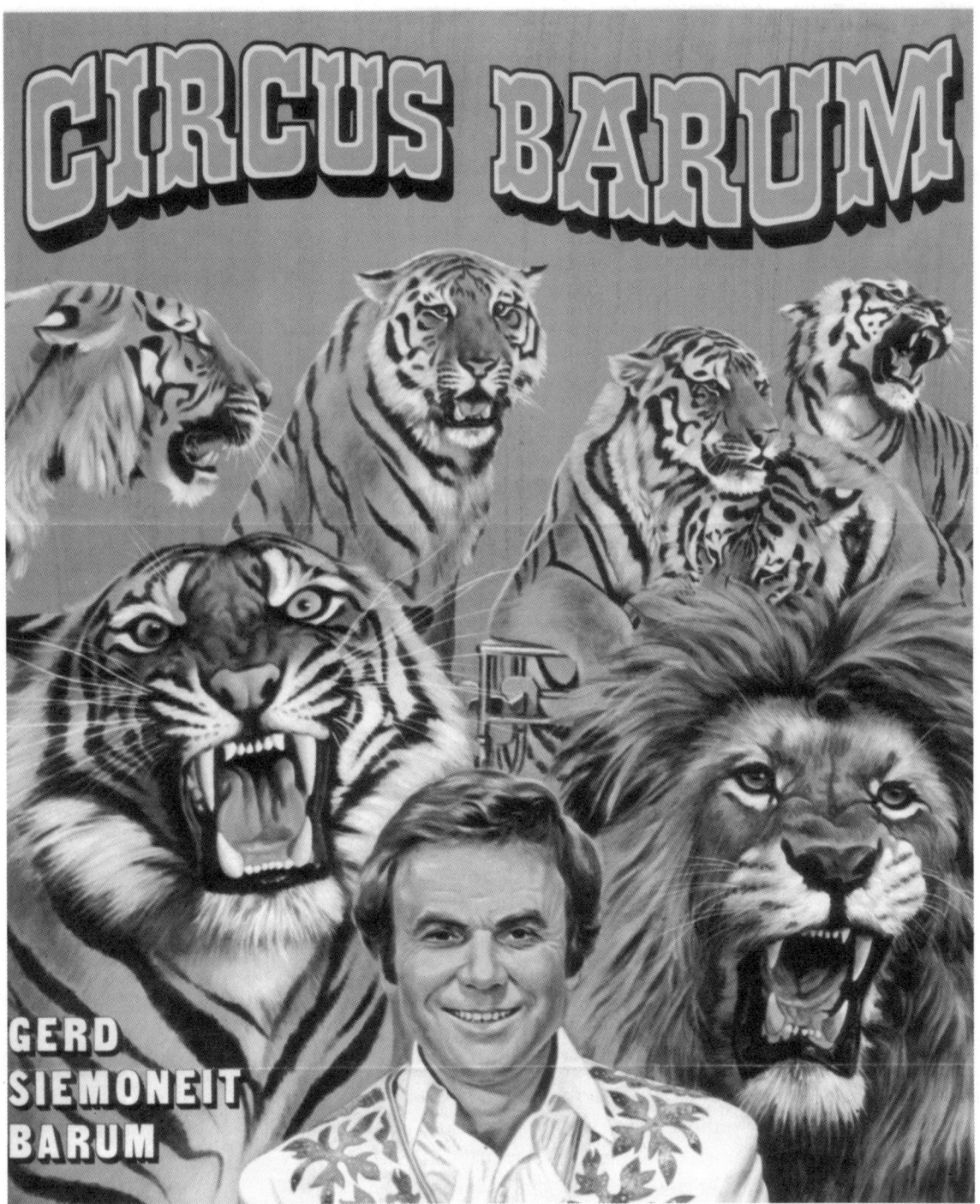

CIRCUS BARUM

GERD
SIEMONEIT
BARUM

beim Staatszirkus Budapest, dem Tower Zirkus Blackpool und in vielen anderen. Die Zirkus-Welt hatte ihren neuen Dompteur-Star, der später sogar in Fernsehserien auftrat.

1970 gründete Siemoneit seinen eigenen Zirkus Safari. Kurz vorher war Margarete Kreiser, die letzte Barum-Chefin, gestorben. Der Traditions-Zirkus wurde stillgelegt. Siemoneit kaufte das Einbecker Winterquartier des ehemaligen Zirkus Barum samt Material- und Fuhrwerk auf und taufte sein gerade erst gegründetes Unternehmen in Barum-Safari um, später in Siemoneit-Barum.

Siemoneit versuchte, an die einstigen Glanzzeiten von Barum anzuknüpfen und hatte Erfolg. Schließlich war – so ein Barum-Pressetext – »der Zirkus-Chef zugleich das beste Pferd im eigenen Stall«.

Mitte der 70er Jahre brillierte Barum mit einem Programm, bei dem 20 sibirische Tiger gleichzeitig in der Manege für Spannung sorgten. 1978/79 folgte die Jubiläumstournee »100 Jahre Barum«, 1982 feierte Siemoneit sein 30jähriges Dompteur-Jubiläum. Ein Ereignis ganz besonderer Art, denn in diesen drei Jahrzehnten hat Siemoneit über »55 Löwen, 50 Tiger, zwölf Leoparden, sechs Kragen- und sechs Eisbären sowie fünf Pumas und zwei schwarze Panther dressiert«, wie Barum offiziell verlautbaren ließ.

Der bärenstarke Anton

»Der hier macht den meisten Mist!« behauptet Stanislaw. Er deutet auf Tsava, das Breitmaulnashorn. Es ist zwei Meter groß und bringt mit seinen 14 Jahren 3600 Kilo auf die Waage. Tsava ist eigentlich in Südostafrika zuhause. Im Zirkus »Zebra« jagt es mit Stanislaw auf dem Rücken durch die Manege, und jeder Zuschauer ist erstaunt, wie schnell und leichtfüßig sich das Tier bewegt.

»Eine kostbare Hinterlassenschaft«, meint Stanislaw und hält sich die Nase zu.

Jedes Mal, wenn der Zirkus in den nächsten Ort weiterreist, bleibt auf dem frei gewordenen Zeltplatz eine Menge Abfall zurück. Holz, Plastik, Dosen, Papier, eine Menge Haushaltsmüll. Das alles stammt von den Menschen, die beim Zirkus »Zebra« beschäftigt oder deren Gäste sind. Aber auch die Tiere lassen einiges zurück. Um den Berg möglichst klein zu halten, hat sich Stanislaw etwas einfallen lassen. Kurz vor der Abreise holt er zwei selbstgemalte Hinweisschilder aus seinem Wagen:

»Hier gibt es kostenlosen Dünger!« steht auf dem einen Schild, und auf dem anderen heißt es: »Bitte eigenen Transportbehälter mitbringen.«

Anfangs wurde Stanislaw ein wenig belächelt. Aber inzwischen haben die Mitarbeiter des Zirkus »Zebra« eingesehen, daß die Idee nicht schlecht ist. Nur Anton hält gar nichts davon, der bärenstarke Anton.

»Dafür gibt's doch die Müllabfuhr!« verkündet er. »Die wird doch von uns bezahlt.«

So einfach will man es sich aber nicht machen. Damit die Menschen, die in der Nähe des Zirkusplatzes wohnen, von dem Angebot tatsächlich Gebrauch machen, lädt Direktor Hansi Kuhle jedes Mal ein paar Zeitungsredakteure ein. Mit einem Bericht und einem Foto sollen sie etwas Reklame für die Aktion machen. Bisher hat das ganz prima geklappt. Kleingärtner, Rosen- und Champignonzüchter holen sich gern den hervorragenden Dünger.

Diesmal sind zwei Redakteurinnen erschienen. Sie wollen über den Zirkus »Zebra« und den kostenlosen Dünger berichten.

»So, und nun noch ein paar Fotos!«

Die beiden Damen von der Presse haben sich zusätzlich etwas ausgedacht. Nicht Stanislaw, sondern Niko soll sich in seinem Clownskostüm mit den beiden Schildern vor den mächtigen Haufen von Dünger stellen. Das könnte dem Foto einen besonderen Reiz geben.

Anton ist wieder einmal ganz anderer Meinung. Mit einem schiefen Lächeln im Gesicht geht er auf Niko zu.

»Da gehörst du schon lange hin, auf den Mist!« stichelt er.

»Neidischer Mistkäfer«, zischt Niko, dem die ständigen Stänkereien auf die Nerven gehen.

Manchmal träumt Niko davon, ein richtiger Muskelmann zu sein. Dann würde er den starken Anton in den Schwitzkasten nehmen und herumwirbeln und in eine Ecke schleudern und …

Aber dann erinnert er sich wieder daran, daß man als Clown die Menschen lieben muß. Und das fällt ihm eigentlich auch nicht schwer. Meistens jedenfalls.

Anton ist ein Untermann. Untermann einer Menschenpyramide. Sieben Personen gehören dazu, fünf Männer und zwei Frauen. Mit einem Schleuderbrett, das wie eine Wippe aussieht, werden sie auf seine Schultern katapultiert, nicht ohne vorher ein paar Saltos geschlagen zu haben. Sie alle, die sich »Die Geminis« nennen, werden in der Arena von Antons Körper getragen. Niemand sonst ist so stark wie Anton, und er mag nur Menschen, die groß und kräftig sind. Von Geschicklichkeit und Witz hält er nicht viel.

Inzwischen zeigt Niko ihm wieder sein gewohntes fröhliches Gesicht. »Warte ab«, sagt er mit ruhiger Stimme. »Dir werde ich noch eine Lektion erteilen. Warte nur ab, Anton.«

Die Gelegenheit dazu läßt nicht lange auf sich warten. Am übernächsten Spielort, in Fulda, ist es soweit. Den ganzen Tag über hat Anton an seinem eisenverstärkten Schleuderbrett gearbeitet. Das Lager in der Mitte mußte gründlich geschmiert werden. Außerdem waren Roststellen zu beseitigen. Rote Vorstreichfarbe kam auf die mit einer Drahtbürste blankgescheuerten Stellen, und zum Schluß gab's einen neuen Anstrich, in Signalrot.

Zwischendurch hat der bärenstarke Anton gymnastische Übungen gemacht und seine Hanteln hochgestemmt. Sie sind so schwer, daß sie eigentlich nur von zwei Leuten gehoben werden können. Aber Anton schafft das allein. Gegen Mittag ruht er sich auf demjenigen Teil der Wippe aus, den er nicht neu gestrichen hat. Er streckt die Beine aus und blinzelt in die milde Sonne. Müdigkeit erfaßt ihn. Es dauert nicht lange, dann ist ein leichtes Schnarchen zu hören.

Das ist der Moment, auf den Niko und seine Freunde gewartet haben. Ganz vorsichtig schiebt er mit Otero, Miguel und Thomas einen der leeren Käfigwagen neben Antons frischgestrichenes rotes Schleuderbrett. Sie klettern aufs Dach des Wagens und prüfen die Entfernung zu dem Misthaufen, der nur ein paar Meter entfernt ist. Zweimal wird der Käfigwagen verschoben, dann endlich ist er in der richtigen Stellung. Stanislaw schaut zu und reibt sich vor lauter Vorfreude die Hände.

»Achtung, fertig, los!« flüstert Niko und gibt von unten ein Startzeichen.

Otero und seine beiden Freunde hüpfen, indem sie sich an den Händen halten, im hohen Bogen auf das hochstehende Ende des Bretts. Mit ihrem ganzen Gewicht landen sie genau auf der richtigen Stelle. Es klatscht dumpf, und dann saust das eine Teil nach unten und gleichzeitig das andere nach oben. Und plötzlich wird der bärenstarke Anton ganz leicht. Er kann sogar fliegen. Schlagartig wird Anton während seines Abflugs wach. Er schreit und fliegt hoch, fliegt wie berechnet, fliegt wie eine schwerfällige Rakete in einem wunderschönen Bogen mitten hinein in den Misthaufen.

»Oh, nein, ah, oh, Hilfe!« kann er noch schreien, dann verstummt er für einen Moment.

Seine Landung sieht anders aus als bei den »Geminis«. Er landet nämlich glatt auf dem Bauch.

Am Rande des Misthaufens setzt ein fürchterliches Gejohle ein. Aufgeschreckt, kommen weitere Zirkusleute hinzu und entdecken den bärenstarken Anton als Mittelpunkt des Misthaufens. Voller Wut stapft er, bis zu den Knien im Dreck, durch den klebrigen Dünger.

Kopf, Bauch und Hände sind völlig verdreckt. Jeder Schritt wird von neuen Lachsalven begleitet.

»He, du, wirklich eine tolle Nummer! Echt zirkusreif« ruft Stanislaw und hüpft voller Schadenfreude auf und ab.

»Schmeckt doch prima«, stichelt Miguel, weil Anton dunkle Strohhalme ausspuckt. »Außerdem völlig kostenlos!«

Niko schmunzelt nur ein wenig vor sich hin. Diesmal freut er sich wohl mehr in seinem Innern. Jedenfalls klatscht er nicht auf seine Schenkel.

»Ich hab es dir versprochen«, sagt er dann, zu Anton gewandt. »Und meistens halte ich meine Versprechen.«

Der bärenstarke Anton macht Anstalten, wutentbrannt den Misthaufen zu verlassen und sich auf Niko zu stürzen. Aber er sieht sich eingekreist von den übrigen »Zebra«-Menschen. Er traut sich nicht weiter. Stanislaw holt seine beiden Hinweisschilder und rückt sie dem stummen Anton in die Hände. Irgend jemand kommt mit einer Kamera herbeigerannt, um Antons Misthaufenerlebnis mit Bildern zu dokumentieren. Wieder entsteht ein großes Gelächter. Danach wird es dann auffallend still.

»Na, mein Lieber, willst du uns vielleicht etwas Wichtiges sagen?« fragt Stanislaw ganz scheinheilig.

139

»Ja, schon gut«, brummt Anton. »Ihr habt's geschafft. Ich schwör's Euch, kein böses Wort kommt mehr über meine Lippen.«
Danach hilft man ihm bereitwillig von dem Misthaufen herunter. Der bärenstarke Anton hat es nun sehr eilig, unter seine Dusche zu kommen.

Die Althoffs
Weitverzweigte Verwandtschaften

Selbst wenn man wollte, man könnte sie gar nicht alle aufzählen – all jene Zirkus-Unternehmen, die schon einmal von einem aus der Dynastie der Althoffs ins Leben gerufen wurden. Mehr als 40 sollen es im Laufe der Jahrhunderte gewesen sein. Die Althoff-Chronik erwähnt auch einen Johann Aldenhoven, der etwa um 1710 in dem Dorf Freialdenhoven bei Jülich das Licht der Welt erblickte. Er wurde zunächst Bauer und trat »zwischen Aussaat und Ernte« als Seiltänzer auf.

Den ersten reisenden Althoff-Zirkus mit Namen »Cirque Olympique« gründete Enkel Jakob im Jahre 1805. Und spätestens von da an begann es kompliziert zu werden, all den zirzenischen Spuren der Althoffs zu folgen.

Einfacher ist es, wenn man von einem der heutigen Althoffs zurückblickt und ein Stück Familiengeschichte zu rekonstruieren versucht. Wenn man beispielsweise von Franz Althoff, dem 1943 geborenen Sproß und Chef des Zirkus Williams-Althoff ausgeht. Sein Vater Adolf gründete den »Zirkus Adolf Althoff«. Dessen Bruder Franz sorgte mit seinem »Riesenrennbahn-Zirkus«, der drei Manegen aufwies, für Furore und präsentierte höchstpersönlich 60 (!) Hengste gleichzeitig in einer Vorstellung.

Weil die Althoffs in jeder Generation kinderreich waren und immer zwei, drei der Nachkommen sich mit eigenen Zirkus-Unternehmen versuchten oder in andere Zirkus-Familien einheirateten, kann man heute mit Fug und Recht sagen: Es gibt wohl kaum einen Zirkus in Europa, in dem nicht auch einer aus der Althoff-Dynastie mit dabei ist. Das gilt für Zirkus-Familien wie die der Marks, der Foreux', Renz', Büglers, Kaisers, Cortys, Lorchs, Edwards, Brumbachs, Schumanns, Barlays, Hoppes, Kossmayers, Rossis, Probsts, Weisheits, Nocks usw.

Abschied von der Saison

»Bevor wir ins Winterquartier gehen, müssen wir leider ein paar Tiere abgeben«, hatte der Obertierpfleger Roland Kirchbach verkündet. »Das ist in jedem Jahr so.«

Mit seiner Ankündigung hatte er die Kinder allerdings in helle Aufregung versetzt. Im Laufe des Jahres werden im Zirkus natürlich auch einige Tiere geboren. Die wenigsten sind geeignet, später ins laufende Programm eingebaut zu werden. Wie alle anderen Tiere brauchen sie ihr tägliches Futter und ihre Pflege. Das kostet eine Menge Geld. Deshalb werden manche Tiere an einen anderen Zirkus oder an einen Tierpark weitergegeben. Manche werden sogar an einen Tierhändler verkauft.

Seit Roland Kirchbachs Ankündigung sind Renate und Reinhild, Björn, Lisa und Heinrich junior in tiefer Sorge um einige Jungtiere, die ihnen ans Herz gewachsen sind. Gemeinsam überlegen sie, was zu tun ist, um kein einziges Exemplar abgeben zu müssen. »Ein hoher Kostenfaktor ist das teure Futter«, stellt Lisa sachkundig fest. »Das hab' ich mal vom Direktor gehört.«

»Logo, deshalb machen wir eine Sammelaktion«, beschließen die Kinder. »Wir sammeln Geld für das Winterfutter. Dann können alle Tiere erst einmal bei uns bleiben.«

Sie dürfen keine Zeit verlieren, denn es dauert nicht mehr lange, dann ist die Saison zuende. Das letzte Laub fällt von den Bäumen, die

Tage werden kürzer, und die Winterzeit kündigt sich mit kalten Regenschauern an. In den Einkaufsstraßen wird bereits die Weihnachtsdekoration aufgehängt.

»Bei der Sammelaktion können uns unsere Tiere helfen«, erklärt Heinrich junior. »Sie müssen die Aufmerksamkeit der Menschen auf sich ziehen.«

Mit einem Ponyfohlen, einem jungen Dromedar und einem handlichen Käfig mit vier weißen Tauben geht es los, in die Fußgängerzone der Stadt.

»Bitte eine Spende für unsere Tiere!«

Damit sie noch mehr auffallen, haben sich Reinhild und Renate Reitkostüme angezogen. Lisa trägt das rot-weiß gestreifte Trikot der Trampolinspringer. In seinem schwarzen Anzug sieht Björn wie ein Zauberkünstler aus.

Nur Heinrich fand nichts Passendes.

»Ist vielleicht ganz gut, wenn einer von uns richtig normal aussieht« erklärt er.

Reinhild hat zwei Plakate für das Pony Tobias gemalt. Auf jeder Seite der Satteldecke baumelt nun ein Plakat. Links ist ein Elefant abgebildet, rechts ein Kamel. Darunter steht: Ein Elefant frißt am Tag 3 Zentner Hafer, 3 Zentner Heu und 20 Pfund Kleie. Er trinkt 250 Liter Wasser. Ein Kamel braucht 28 Pfund Hafer und Kleie und einen Ballen Heu. Es trinkt täglich 60 Liter Wasser.

»Vielleicht haben Sie etwas über für unsere Tiere!«

Reinhild und Björn rasseln mit den beiden blechernen Sammelbüchsen, in die sie vorher selbst einige Münzen geworfen haben.

»Denken Sie bitte an die Not der Tiere im Winter!« ruft Björn ab und zu.

Bereits auf dem Weg in die Innenstadt sprechen sie die Passanten an. Angesichts der Tiere und der bittenden Mienen der Zirkuskinder greifen die Menschen nach ihrem Portemonnaie, wenn auch zögernd. Es klimpert ganz schön.

In der Innenstadt ziehen die Kinder mit ihren Tieren unter das Vordach des größten Kaufhauses. Hier ist am meisten los. Der Erfolg bleibt nicht aus. Nach fast zwei Stunden sind die beiden Sammelbüchsen voll. Sie haben ein tolles Gewicht.

Ganz allmählich bezieht sich der Himmel. In allen Farben leuchten die Schaufenster, und die Auslagen kommen den Kindern ungeheuer verführerisch vor.

»Laßt uns noch ein bißchen herumstromern«, schlägt Renate vor, die immer schon einen Blick in die Schaufenster geworfen hat. »Jetzt machen wir einfach noch einen Stadtbummel. Überall gibt's so schöne Sachen für Weihnachten.«

»Etwa zusammen mit unseren Tieren?« will Heinrich junior wissen. Renate überlegt.

»Nein, wir machen sie hier einfach an einem Laternenpfahl fest und gönnen uns eine kleine Pause zum Herumschauen.«

»Einer von uns muß aber bei den Tieren bleiben«, wirft Reinhild ein. »Ihr wißt, wir dürfen sie nicht allein lassen. Wir haben es hoch und heilig versprochen, sie keine Sekunde aus den Augen zu lassen.«

»Okay, einer bleibt hier. Das Los entscheidet.«

Lisa zieht einen langen Strohhalm aus dem Taubenkäfig, teilt ihn in vier gleiche Teile und in ein kürzeres Stück. Jeder darf sich einen Strohhalm aussuchen. Björn zieht den kürzeren und muß die Tiere bewachen.

»Elendes Pech!« flucht er.

»Und die schweren Sammeldosen? Sollen wir die Dinger die ganze Zeit über mit uns herumschleppen?« fragt Lisa.

»Ganz einfach, wir verstecken sie unter den Plakaten und der Ponydecke«, schlägt Renate vor, und alle sind froh, die schweren Büchsen nicht auf ihrer Tour mitschleppen zu müssen.

Auf der braunen Ponydecke steht in weißer Schrift »Zirkus Zebra«. Am unteren Rand ist auf jeder Seite eine kleine Tasche angebracht, in die die Sammelbüchsen hineinpassen.

»Du mußt die Tiere und das Geld wie einen Goldschatz bewachen!« wird Björn ermahnt.

»Geht selbstverständlich in Ordnung. Aber in einer halben Stunde seid ihr wieder hier! Ich bitte um Pünktlichkeit, meine Herrschaften!«

Die Ermahnung kriegen sie kaum noch mit – so schnell sind die vier verschwunden. Die Tiere sehen ihnen beinahe so enttäuscht nach wie Björn. Er lehnt sich an ein Verkehrsschild und blickt auf die große runde Uhr über einem Juwelierladen.

Es dauert eine geschlagene Stunde, bis sie wieder zurück sind. Reinhild, die schon einige Schritte vorausgelaufen ist, erstarrt vor Schreck.

»Björn ist weg! Der Kerl läßt die Tiere hier einfach stehen!«

Allerdings, als die anderen hinzugekommen sind, taucht auch Björn wieder auf. Stolz präsentiert er seinen vollen Eisbecher.

»Ausgleichende Gerechtigkeit! Weil ihr euch verspätet habt, hab' ich mir ein Eis spendiert«, erklärt er freudenstrahlend.

Renate tastet die Decke ab, die das Pony Tobias auf dem Rücken trägt. Entsetzt fährt sie herum.

»Die Sammelbüchsen sind verschwunden!«

Alle überprüfen die Taschen der Ponydecke. Sie sind und bleiben leer.

»Was hast du mit dem Geld gemacht?« fragt Heinrich wie ein Kriminalkommissar und ergreift Björn vorn an seinem Hemd.

»Nichts! Das Eis hab' ich von meinem eigenen Geld gekauft.«

»Du lügst!«

»Nein! Ich schwör's. Glaubt mir doch. Ich war nur zwei Minuten weg! Zwei oder drei winzige Minuten nur!«

»Also hat man uns beklaut«, stellt Lisa betroffen fest. »uns und die Tiere. So schnell geht das. Sammelbüchsen weg. Geld weg. Verdammter Mist!«

»Vielleicht hat uns jemand beobachtet, als wir die Büchsen versteckt haben«, meint Reinhild und schaut mißtrauisch in die Runde.

Sie können niemanden ausfindig machen, der als Dieb in Frage käme. Mit hängenden Köpfen trotten die Kinder zurück, und es

scheint so, als wären das Pony, das Dromedar und die Tauben ebenfalls tieftraurig.

»So eine Gemeinheit!« flucht Heinrich junior immer wieder.

»Jetzt haben wir ganz und gar umsonst gesammelt und kommen mit
leeren Händen nach Hause«, brummelt Renate.

»Das schöne Geld!« lamentiert Renate. »Alles weg. Da kann uns niemand helfen.«

»Niemand – außer Niko!«

Auf diese Idee sind sie alle fast gleichzeitig gekommen. So finden sich
die Kinder, nachdem sie die Tiere zurückgebracht und versorgt
haben, hilfesuchend bei dem Clown ein.

Niko hört erst einmal genau zu. Dann steckt er sich eine seiner Zigarren an und denkt nach. Er denkt lange nach. Die Kinder sehen ihn
erwartungsvoll und schweigend an. Ihre Hoffnung, von ihm Beistand
zu erfahren, sinkt auf den Nullpunkt, als er ihnen vorhält, bei der
Sammlung für das Winterfutter hätte zumindest ein Erwachsener
anwesend sein müssen.

»Aber es ist nun mal passiert«, sagt er dann zum Schluß. »Kommt
mit, wir gehen zu den beiden Zeitungsredaktionen und berichten
über euer Pech.«

Den Kindern leuchtet zunächst nicht ein, was Niko vorhat, aber sie
folgen ihm bereitwillig. Längst sind sie hundemüde. Der erneute
Marsch in die Stadt geht ihnen gehörig in die Beine.

»Ist die Zeitung für morgen nicht schon längst fertig?« fragt Renate.
»Sind die Reporter jetzt nicht schon zu Hause?«

»Nein, eine gute Zeitungsredaktion arbeitet auch noch am Abend«,
erklärt Niko. »Es können ja immer noch große Neuigkeiten kommen,
die unbedingt noch ins Blatt müssen.«

Immerhin, in den Redaktionsräumen einer Tageszeitung waren sie
noch nie, und deshalb macht die Neugier bei den Kindern auch noch
einige Kräfte frei. Zweimal müssen sie ihre traurige Geschichte
erzählen. Es werden sogar ein paar Fotos von ihnen und Niko
gemacht.

Am nächsten Tag steht die Geschichte, von viel Mitleid getragen, im Ortsteil der »Neuen Nachrichten« und der »Morgenpost«. Man hofft, daß sich ein ehrlicher Finder meldet. Oder sogar der Dieb, der nun Scham verspürt und das Geld reumütig zurückbringt. Vielleicht hat der Aufruf tatsächlich Erfolg.

»Ich bin ziemlich sicher«, meint Niko.

Gespannt warten die Kinder darauf, daß sich jemand beim Zirkus »Zebra« oder den Zeitungen meldet. Nach drei Tagen gibt es noch nichts Neues. Nach einer Woche hat sich immer noch niemand blicken lassen.

Und dann steht die Abreise bevor. Noch zwei Orte sind anzufahren, um dort das Zirkusprogramm zu präsentieren. Danach geht es dann in das Winterquartier.

»Schade, ich habe mich getäuscht«, gesteht Clown Niko, der seine Enttäuschung kaum verbergen kann. »Aber so ist das nun mal. Beim Zirkus erleben wir nicht nur schöne Dinge.«

»Wir hatten es so gut gemeint«, erklärt Renate.

»Allerdings müssen wir uns über eines klar sein«, sagt Niko und kratzt sich verlegen am Kopf. »Das gesammelte Geld wäre nicht mehr als ein Tropfen auf den heißen Stein gewesen.«

Es hat sich niemand mehr gemeldet. Die Sammelbüchsen sind nicht mehr aufgetaucht. So bleibt den Kindern nur noch eine winzige Hoffnung. Daß nämlich während der Saison beim Zirkus »Zebra« ausnahmsweise so viel Geld in die Kasse gekommen ist, um doch noch alle Tiere über den Winter bringen zu können.

Zirkus Roncalli
Das gibt's nur zweimal

Das Clown-Trio Angelo, Zippo & Francesco. Der mittlere Clown ist Roncalli-Direktor Bernhard Paul.

Ein Zirkus von Gottes Gnaden? Nicht ganz. Aber zumindest einer, bei dem ein Papst den Namenspatron abgab. Der Zirkus Roncalli, der neue Wege zu beschreiten versuchte, hat sich so getauft in Erinnerung an einen Papst, dem man Fröhlichkeit und Weltoffenheit bescheinigte: Johannes XXIII., der ursprünglich Angelo Guiseppe Roncalli hieß und von 1958 bis 1963 im Vatikan residierte.

Roncalli, ein Zirkus für Menschen, die mit beiden Beinen in der Wirklichkeit stehen, sich jedoch für ein paar Stunden ins Reich der Phantasie, der Träume entführen lassen wollen. Die ereignisreiche Geschichte des Zirkus-Neulings Roncalli begann Mitte 1976, als der unaufhörlich Ideen produzierende Liedermacher und Illusionist André Heller und der Wiener Graphiker Bernhard Paul sich und – wie sie hofften – vielen Mitbürgern einen Wunsch erfüllen wollten: Sie gründeten ein neues Zirkusunternehmen. Eines, das ganz anders sein sollte, als alles, was man bisher kannte. Eines, bei dem nicht Superlative und Höchstleistungen im Vordergrund stehen sollten.

Im ersten Programmheft schrieb André Heller: »Die Verwirklichung der Idee ›Roncalli‹ war kein Spaziergang. Sie

verblutete nahezu an der Abscheu, die vielerorts dem Außergewöhnlichen entgegentobt. Phantasie wird gerne mit Lepra verwechselt!« Und Zirkusdirektor Bernhard Paul, der »ohne viel Geld und ohne Fachkenntnis« mit dem Aufbau des Zirkus begonnen hatte, fügte hinzu: »Zahlreiche, mir liebe Illusionen sind auf der endlosen Tournee der Realisierung verlorengegangen ...«

Dennoch: Das Abenteuer Traumzirkus Roncalli begann. Und endete trotz wohlwollender Kritiker reihum mit einer Pleite. Das Duo Heller/Paul hatte sich zerstritten. Ein Traum schien ausgeträumt, eine bunt schillernde Seifenblase geplatzt. Mit einem Rest von drei Wagen und einem Berg von Schulden zog Zirkusdirektor Paul sich zurück. Auf dem Gelände der ehemaligen Kölner Schokoladenfabrik Stollwerk grübelte er über die Zukunft. Ein Zirkusdirektor ohne Zirkus. Roncalli nur eine Episode? Das viel zitierte Wort vom »Das gab's nur einmal, das kommt nie wieder« – für Roncalli-Chef Paul zählte es nicht. 1980 erlebte der Zirkus Roncalli seine zweite Geburtsstunde. Mit vierzig antiquiert anmutenden Zirkuswagen, ohne Elefanten, ohne Salto-mortale-Künstler und ohne dressierte Giraffen, aber dafür mit einem Feuerwerk an Ideen meldete er sich zurück. Kritiker wie Zuschauer waren begeistert. Allein in Köln drängten sich in zweieinhalb Monaten knapp 200 000 Neugierige ins nur 1500 Besucher fassende Baumwollzelt. Zirkusdirektor Paul sah sein Ziel wieder zum Greifen nahe: »Ich möchte einen Zirkus machen, wie sich die Leute von heute vorstellen, daß früher Zirkus gemacht wurde.« Und er fügte in einem Zeitungsinterview hinzu: »Ich will nicht den großen Zirkus, aber den besten.«

Köln, Frankfurt, Hamburg, München – wo immer Roncalli in der Folgezeit gastierte, das gleiche Bild: Ausverkaufte Vorstellungen. Und das Erfolgsrezept? Roncalli bot Zirkuspoesie, wo andernorts die zirzensische Höchstleistung dominierte, er setzte auf das Menschlich-Unvollkommene, anstatt die Perfektion über alles zu stellen: Manegenzauber ist wichtiger als Nervenkitzel.

Zirkus in Österreich und der Schweiz

Seit 1928 gehört sie auch zur Literaturgeschichte – die Schweizer Zirkusdynastie Knie. Denn damals veröffentlichte der spätere Büchnerpreisträger Carl Zuckmayer sein Volksstück »Katharina Knie«. Es handelt vom Auf und Ab eines kleinen Zirkus, von Freud und Leid und vom alltäglichen Überlebenskampf. Aber auch die tatsächliche Geschichte der Knies ist kaum weniger dramatisch. In einem 1895 in Düsseldorf verlegten »Artisten-Lexikon« lesen sich die Anfänge so: »Knie, Friedrich, Gründer der berühmten Seiltänzer-Genealogie gleichen Namens, geb. 1784 als Sohn des Militärarztes Dr. Friedr. Knie in Erfurt, studirte in Innsbruck Medicin, ging mit einer Kunstreiterin durch, gründete eine eigene Gesellschaft mit 14 Pferden, verlor dieselben in der Schlacht bei Jena, wurde daher Seiltänzer und reiste nach Beendigung des Feldzuges nach Innsbruck zurück. Hier lernte er die schöne Baderstochter Antonie Staufer kennen, entführte dieselbe aus dem Kloster und verheirathete sich mit ihr im Jahre 1807. Knie kämpfte mit Andreas Hofer in Tirol, machte die Völkerschlacht bei Leipzig mit, durchzog als Seiltänzer ganz Deutschland, Österreich und die Schweiz und starb 1850 zu Burgdorf, Canton Bern.«

So weit die Ursprünge. Die nachfolgenden Knie-Generationen machten das Familienunternehmen dann zum viertgrößten Zirkus Europas. Seit 1919 führt er die Bezeichnung »Schweizer Nationalzirkus«, 1978 konnte er sein 175jähriges Bestehen feiern. Der Mitte des vorigen Jahrhunderts noch als »Künstler- und Tänzergesellschaft« auftretende Zirkus hat internationale Maßstäbe gesetzt. Hier sah man erstmals den Ritt auf einer Giraffe, hier hatte der legendäre Raubtier-Dompteur Vojtech

Trubka seine großen Auftritte, hier bewegte sich ein Elefant auf zwei Seilen balancierend durch die Manege, und hier hatte eine Dressur Premiere, bei der erstmals ein Breitmaulnashorn, eine Giraffe, ein Elefant und ein Flußpferd zusammen auftraten.

Auf die Frage, ob man als Zirkusdirektor reich werden könne, hat Fredy Knie einmal geantwortet: »Für mich

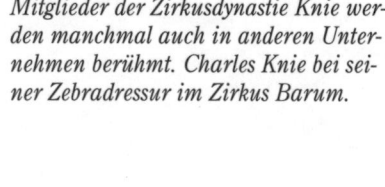

Mitglieder der Zirkusdynastie Knie werden manchmal auch in anderen Unternehmen berühmt. Charles Knie bei seiner Zebradressur im Zirkus Barum.

persönlich ist diese Frage nicht erstrangig, denn ich glaube nach wie vor: Geld verdirbt den Charakter.« Knie gehört zwar zu den international bekanntesten, ist aber nicht das einzige Unternehmen, das die Schweiz hervorgebracht hat. Der in Deutschland akkreditierte Schweizerische Botschafter ließ auf Anfrage Anfang der 80er Jahre verlauten: »Zurzeit gibt es in der Schweiz sechs Zirkusunternehmen, wovon der Schweizer Nationalzirkus Knie der weitaus größte ist; die anderen sind kleinere Familienbetriebe.« Womit er wohl Zirkusse meinte wie Nock, Olympia, Royal, Stey und den Cirque Helvetia.

Zur selben Zeit gab es im benachbarten Österreich gerade noch vier zirzensische Unternehmen: den Österreichischen Nationalzirkus (in der Nachfolge des Zirkus Rebernigg, dessen Anfänge über 250 Jahre zurückreichen) sowie die Familienunternehmen Apollo, Royal und

Zirkus Rebernigg auf Jugoslawientournee, 1927

*Plakat des österreichischen Zirkus
Henry, um 1893*

den Zirkus New York der Familie Berousek. Dafür konnte man in Wien mit einem eigenen Österreichischen Zir-
kus- und Clown-Museum aufwarten sowie alljährlich mit
einer 20 Tage dauernden Großveranstaltung, die den
Titel »Artisten – Tiere – Attraktionen« trug.

Wer nach Österreichs langer Zirkusgeschichte fragt, der
stößt – neben Rebernigg – auf ruhmreiche Zirkus-Dyna-
stien wie Belli, Henry, Kludsky, Konrad oder Medrano.
Und wer nach der Zirkuszukunft fragt, der wird am
Traumzirkus Roncalli nicht vorbeikommen.

*Der österreichische Zirkus Kludsky wirbt
mit Reiter- und Balancekunststücken.*

Register
Sachregister

Personenregister

★

★